Friedrich von Bodelschwingh
Friedrich von Bodelschwingh 1831-1910
Ein Blick in sein Leben

Aus Fraktur übertragen

von Bodelschwingh, Friedrich:
Friedrich von Bodelschwingh 1831-1910.
Ein Blick in sein Leben.
Hamburg, SEVERUS Verlag 2011.

ISBN: 978-3-86347-137-8

Druck: SEVERUS Verlag, Hamburg, 2011
Lektorat: Rebecca Dessauer

Der SEVERUS Verlag ist ein Imprint der Diplomica Verlag GmbH.

Bibliografische Information der Deutschen Nationalbibliothek:
Die Deutsche Nationalbibliothek verzeichnet diese Publikation in der Deutschen Nationalbibliografie; detaillierte bibliografische Daten sind im Internet über http://dnb.d-nb.de abrufbar.

© **SEVERUS Verlag**
http://www.severus-verlag.de, Hamburg 2011
Printed in Germany
Alle Rechte vorbehalten.

Der SEVERUS Verlag übernimmt keine juristische Verantwortung oder irgendeine Haftung für evtl. fehlerhafte Angaben und deren Folgen.

Pastor von Bodelschwingh (1865)

Inhaltsverzeichnis.

1. Jugendzeit. 3
2. Lehr- und Wanderjahre. 15
3. In der Schule der Arbeit und des Lebens. 30
4. Lasset uns auf sein und gen Bethel ziehen. 38
5. Nachdem uns Barmherzigkeit widerfahren
   ist, werden wir nicht müde. 54
6. Der Feierabend. 60
7. Heimgang. 76

1. Jugendzeit.

Im Herzen des Landes der roten Erde liegt die alte freie Reichsstadt Dortmund. Wenn man von Dortmund aus durch das freundliche Hügelland der Mark zwei Stunden nach Nordwesten wandert, so sieht man in einer kleinen Talsenkung hinter Busch und Wald versteckt ein altes Herrenhaus. Wie eine mittelalterliche Burg steht es noch heute da mit seinen festen Mauern und starken Türmen. Rings ist es von Wasser umgeben. An Stelle der hölzernen Zugbrücke ist erst im letzten Jahrhundert ein steinerner Zugang geschaffen. Das ist das Haus Bodelschwingh, auf dem seit den Zeiten des Mittelalters ein ritterliches Geschlecht gesessen hat. Manche Fehde haben die Herren von Bodelschwingh von ihrer Burg aus durchgefochten. Mancher von ihnen hat als Schöffe oder Freigraf der heiligen Fehme unter der alten Linde auf dem Königshof von Dortmund seines ernsten Amts gewaltet.

Doch nicht hier auf dem Stammsitz seines Hauses war die Heimat unseres Vaters. Der Zweig der Familie, dem er entstammt, hatte seinen Wohnsitz auf dem Gute Velmede, zwei Meilen ostwärts von Dortmund bei dem alten Kirchdorf Methler gelegen. Auch Velmede ist einst eine stark befestigte Burg und im Mittelalter ein Lehnsgut der Grafen von der Mark gewesen. Unter der Herrschaft der Herzöge von Cleve kam es in den Besitz der Herren von Bodelschwingh. Zur Franzosenzeit war das alte, feste Haus abgebrochen worden, und man hatte keine Zeit und kein Geld gehabt, ein neues an seine Stelle zu setzen. So blieb der Familie nur eine sehr bescheidene Wohnung aus Fachwerk und Lehm, die noch heute steht und jetzt, nachdem Ende der vierziger Jahre der Großvater ein bescheidenes neues Gutshaus bauen konnte, als Gärtnerwohnung dient. Der Schmuck und Stolz des Gutes war der mächtige Eichenwald, der Mühlenbruch, dessen hundertjährige Bäume die Geschlechter kommen und gehen sehen. Hier wohnte unser Urgroßvater, der alte „Franzherr" mit seiner gestrengen Ehefrau Friederike aus dem Hause Plettenberg. Hier ist unser Großvater Ernst geboren. Von hier aus ist er 1813 und 1815 in die Freiheitskriege gezogen. Der Großvater war preußischer Beamter. Als solcher mußte er ein Wanderleben führen und konnte mit den Seinen nur die Ferienzeiten in dem geliebten Velmede zubringen. Seit dem Jahre 1822 war er Landrat des westfälischen Kreises Tecklenburg. In seiner Arbeit, der sein ganzes Herz und seine ganze Kraft gehörte, wohin er auch immer von seinem König gestellt wurde, war ihm seine Frau Charlotte geb. von Diest eine treue Gehilfin. Denn beide waren im innersten Grunde eins. Zucht und Gottesfurcht herrschten im Hause. Die Großmutter war früh unter mancherlei schweren Erfahrungen zum lebendigen Glauben gekommen, und es lag ihr nichts so sehr am Herzen, als alle ihre Kinder auf den gleichen Weg zu führen. Im Tecklenburger Lande fand, während sonst vielfach noch der Bann des Nationalismus auf der Kirche lag, ihres Herzens Überzeugung durch treue Prediger des Evangeliums kräftige Nahrung. Und gerade in der Zeit, als sie dieses ihres besten Besitzes besonders froh geworden war, schenkte ihr Gott an einem Sonntagmorgen, während alle andern in der Kirche waren, ihr fünftes Söhnlein, ihr ähnlicher, als alle andern Kinder. Es war am 6. März 1831. Am 3. April erhielt der Knabe in der Kirche zu Lengerich in der heiligen Taufe die Namen Friedrich Christian Karl.

Zu den ersten Träumen des Kleinen haben die westfälischen Wälder das Wiegenlied gerauscht. Aber er selbst hat das Kinderparadies dort aus dem Hause Mark, wo der Landrat mit seiner Familie wohnte, nicht mehr kennen gelernt. Denn schon wenige Monate nach seiner Geburt wurde der Vater nach Köln versetzt, und am Schluß desselben Jahres als Regierungspräsident nach Trier. Hier in der alten Moselstadt mit ihrer tausendjährigen Geschichte, mit ihren alten Denkmälern aus der Römerzeit, dem Kaiserpalast und der Porta Nigra, begannen die frühesten Kindheitserinnerungen unseres Vaters. Das Sterben eines Brüderchens, das mit dem Finger nach oben zeigte, und von dem der kleine Friedrich meinte, er wäre geradewegs mit dem Sarge und den Lichtern in den Himmel gefahren, scheint als erstes Bild in der Seele des dreijährigen haften geblieben zu sein.

Von der Mosel ging es weiter an den Rhein; denn im Jahre 1834 wurde der Großvater als Oberpräsident nach Koblenz versetzt, um dort 8 Jahre lang das verantwortliche Amt zu verwalten. Für die Kinder war es eine Zeit voll Sonnenschein. Das geräumige Haus mit seinem großen Garten, das Wandern über

Berge und Burgen, das Schwimmen im Rhein — an alles knüpfen sich ungezählte Erinnerungen. Über allem aber wachte das Auge des Vaters und das gütige Herz der Mutter. Frühzeitig lernte der kleine Friedrich von seinen älteren Brüdern springen und klettern, und bald war ihm kein Baum zu hoch und kein Wasser zu tief.

Von einem kleinen Erlebnis aus jener Koblenzer Zeit hat er uns oft erzählt. Sein Vater hatte am Rhein einen großen Obstgarten erworben, der von einer hohen Mauer umgeben war. Die Mauer aber bildete für die Knaben kein Hindernis. Sie wußten wohl, wie man hinüberkommen konnte, und hatten es hundertmal ausprobiert. Endlich verbot es der Vater, damit die Gassenbuben nicht von den Kindern des Oberpräsidenten lernen sollten, wie man in einen verschlossenen Garten kommt. Es war darum angeordnet, die Kinder sollten nur mit dem Schlüssel durch die Gartentür hineingehen. Einmal nun hatten die Geschwister den kleinen Friedrich, als sie mittags nach Hause gingen, vergessen und eingeschlossen. Sie meinten, er wäre schon vorangelaufen, während er noch in den Zweigen eines Kirschenbaumes saß. Plötzlich merkt der Kleine, daß alles still geworden ist, klettert von seinem Baum herunter und steht bald vor der verschlossenen Tür. Nun wäre es ihm eine Kleinigkeit gewesen, über die Mauer zu kommen, aber „der Vater hat es verboten", so hieß es deutlich in seinem Herzen. Alles Rufen ist vergeblich. Die Tür bleibt verschlossen. Weinend setzt sich der Junge in eine Laube und schläft endlich über seinen Tränen ein.

Stunde um Stunde vergeht. Zu Hause ist große Sorge. Überall wird nach dem Vermißten gesucht. Die Geschwister behaupten, im Garten könne er nicht sein, weil er ja, wenn sie ihn wirklich dort vergessen hätten, so leicht über die Mauer hätte springen können. Endlich macht sich der Vater doch dahin auf den Weg und findet den schlafenden Friedrich auf der Bank in der Laube liegend. „Junge, warum bist du denn nicht über die Mauer geklettert?" Der antwortete, aufs Neue in Tränen ausbrechend: „Vater, du hast es ja verboten!" Da nimmt der Vater das weinende Kind freundlich bei der Hand, und über der Freude an dem entschlossenen Gehorsam ist alles andere vergessen.

Auch von dem Segen der Krankheitszeiten des Großvaters hat der Vater uns Kindern oft erzählt, und wie er mit seinen Geschwistern in solchen Sorgentagen bei der Mutter beten und glauben gelernt. Aber auch noch andere Studien verbanden sich mit diesen Krankheitszeiten. Auf dem Bett seines genesenden Vaters sitzend, hat der kleine Friedrich lesen gelernt und zugleich den ersten Religionsunterricht empfangen. Der erste Satz seiner Fibel, den ihn der Vater lesen lehrte, hat sich in seinem Gedächtnis tief eingeprägt: „Mein Kind, Gott ist sehr gut. Er hat dich sehr lieb!" Bald folgt der erste Weg zur Schule, mit allerlei Freuden und Leiden verbunden. Und schnell fliegen über Spiel und Arbeit die Jahre dahin: Aus dem ABC-Schützen ist ein Quintaner geworden. Da finden die goldenen Zeiten am Rhein ein plötzliches Ende, denn der Großvater wird vom König als Finanzminister nach Berlin berufen. Im Frühling des Jahres 1842 siedelt die Familie dahin über.

Damals war eine solche Reise langsamer und poetischer als heutzutage. Eine Eisenbahn fuhr nur zwischen Potsdam und Berlin. Im Übrigen war man auf den Wagen angewiesen, und dem Schulknaben mit seinen hellen Augen und seiner wachen Aufmerksamkeit prägte sich jene Reise tief ins Gedächtnis ein. Vor allem auch darum, weil er eine ganze Menagerie von Tieren mit sich führte und unterwegs zu versorgen hatte. An der Decke des Wagens hing ein Vogelbauer mit einem Kanarienvogel darin, ein Kistchen mit Meerschweinchen stand neben ihm auf dem Sitz, und ein Wachtelhündchen, namens Nero, lag zu seinen Füßen. Ein älterer Bruder aber, der schwer leidend war und nicht selber gehen konnte, war, da der Großvater schon nach Berlin vorausgeeilt war, neben der Pflege der Mutter auf die Hilfe des kleinen Friedrich angewiesen. So war die Reise voll interessanter Erlebnisse. Vor allem aber waren die Kinder auf das gespannt, was in Berlin auf sie wartete.

Da gab es zunächst viele neue Eindrücke. Die Familie bezog das Finanzministerium am Kastanienwäldchen, nicht weit vom Schloß. Vor ihren Augen spielte sich das Leben des Königshofes ab, und mit Staunen sahen die Knaben alle die Bilder aus der vornehmen Welt. Aber es blieb nicht lange Zeit zu staunender Verwunderung. Die Schule brachte wieder das gewohnte Gleichmaß der Pflichten. Mit seinen Brüdern bezog der kleine Friedrich das Joachimstaler Gymnasium, das er später, als der Großvater Kabinettsminister geworden und in die Wilhelmstraße übergesiedelt war, mit dem näher gelegenen Friedrich-Wilhelms-Gymnasium vertauschte. Unter seinen Lehrern ist ihm die Gestalt des Professors Wiese, des späteren berühmten Pädagogen, besonders ehrwürdig und unvergeßlich geblieben. Ein halbes Jahr hat er auch bei dem später so bekannt gewordenen Theologen Professor Steinmeyer Religionsunterricht gehabt. Sonst freilich stand der Geist der Schule und der Schüler vielfach nicht recht im Einklang mit dem Sinne des Elternhauses, und bald brachte dieser Gegensatz dem Knaben schwere innere Kämpfe. — Sein vertrautester Freund war ein Altersgenosse, namens Bossard, ein edler, innerlicher Knabe, der aber früh von allerlei Zweifeln gequält wurde. Die beiden Tertianer wanderten dann manchmal im Tiergarten hin und her und besprachen miteinander Fragen, welche sonst wohl selten junge Gymnasiasten bewegen: über die Freiheit des Willens und den ewigen Gnadenrat Gottes, und was für ein Widerspruch zwischen diesen beiden von der Heiligen Schrift bezeugten Wahrheiten bestehe. Diese Probleme, welche der Vernunft unlösbar sind, legten sich schwer auf das Herz des 14 jährigen Friedrich. Da eines Tages, als er einsam vom Brandenburger Tor durch den Tiergarten nach der Matthäikirche wanderte, wurde ihm der Anblick des gestirnten Himmels wie eine Offenbarung, die es ihm wie Schuppen von den Augen fallen ließ: „Du kannst dir nicht vorstellen," sagte er sich, „daß dieser Raum, in dem die Sterne dort oben ihre Bahnen ziehen, ein Ende hat. Aber die Endlosigkeit des Raumes kannst du auch nicht fassen. Wenn schon in diesen materiellen Dingen das Verhältnis vom Endlichen zum Unendlichen dir ein Rätsel bleibt, wie willst du mit deinem Verstand die Geheimnisse aus dem Reich der Gnade und des Geistes fassen! Hier kommt es auf den Glauben an." —

Auch die Arbeit in der Schule brachte dem Knaben zunächst manche Not. In der Tertia wollte das Griechisch nicht in den kleinen Kopf hinein, und eines Tages mußte er unter Herzklopfen seinem Vater im Auftrag des Lehrers eröffnen, daß er wahrscheinlich nicht versetzt werden könne. Da tat der älteste Bruder Franz dem verzagten Jungen einen großen Liebesdienst. Er schalt ihn aus wegen seiner Ängstlichkeit und schickte ihn kurzer Hand zum Lehrer zurück mit der Botschaft: Er wolle und müsse um jeden Preis versetzt werden! So geschah es auch wirklich, und je weiter er aufrückte von Klasse zu Klasse, umso leichter wurde das Lernen, bis er schließlich als primus omnium das Schlußexamen machte.

Immer aber blieb in dieser Schulzeit das Elternhaus der gesunde Mutterboden aus dem der Knabe allezeit neue Kraft bekam. Die Eltern gingen nicht auf im Leben des Hofes und der Politik. Sie behielten Zeit für ihre Kinder. Der Vater hielt auch als Minister jeden Morgen treulich seine Morgenandacht aus dem kleinen Bogatzky, und abends erholte er sich im Kreise der Seinen von seiner schweren Arbeit. Durch die nah verwandten und befreundeten Familien des Generals von Diest und des Oberpräsidenten Senfft von Pilsach kam fröhliches Leben in das Haus. Eifrig wurden mit den Vettern und Freunden alle Leibesübungen gepflegt und damit gewiß die Grundlage geschaffen jener unverwüstlichen Gesundheit und Nervenkraft, die den Vater bis in das Alter begleitet haben. Es wurde fleißig geritten und geschwommen, gerudert und gefochten und vor allem gewandert. Weite Fußreisen führten den Sekundaner und Primaner durch manchen Gau des heimatlichen Landes. Das schärfte das Auge und machte die Seele frei und froh. Dabei hat er es schon damals manchmal ebenso gemacht, wie er es später mit uns Kindern zu tun pflegte: Es wurde für eine Wanderung der Grundsatz aufgestellt, daß kein gebahnter Weg betreten werden durfte. Die Sonne wurde als Richtung genommen oder sonst ein aus der Erde weithin sichtbares Ziel. Und dieses Ziel galt es zu erreichen, immer geradeaus, allen Hindernissen trotzend, wobei es manchen steilen Abhang zu erklettern, manches Bachbett zu durchwaten gab. Neue Wege suchen, das war von früh an des Vaters Freude; sie unbeirrt durch alle Schwierigkeiten weiterzugehen, das war seine Kunst.

Eine Jugendfreundschaft aus jener Zeit ist ihm besonders wertvoll und lieb gewesen bis ins Alter. Der Prinz von Preußen, der spätere Kaiser Wilhelm, hatte für seinen Sohn Friedrich Wilhelm eine Anzahl von Knaben ausgesucht, die am Nachmittag mit ihm spielen sollten. Zu diesen Knaben gehörte auch der kleine Friedrich v. B. Sie waren gute Kameraden des gleichaltrigen Prinzen und nannten sich du untereinander. Im Sommer wurde meist im Park von Babelsberg gespielt. Die Knaben ritten auf den Pferden des Marstalles und freuten sich besonders über die kleine Flotte von Ruderbooten, mit welcher man regelrechte kleine Seeschlachten aufführen konnte. Manchmal spielten auch die Prinzen Friedrich Karl und Albrecht mit, und dem Vater blieben ein paar Eimer Wasser in lebhafter Erinnerung, die der spätere Heerführer von Metz ihm über den Kopf gegossen, als er sein Boot zu entern versuchte. Die Freundschaft mit dem Prinzen Friedrich Wilhelm aber hat die Zeit der Kinderspiele überdauert. Denn große Treue war einer der vornehmsten Charakterzüge des späteren Kaiser Friedrichs III.

Der Schluß der Berliner Zeit brachte ernste Eindrücke, welche mitten in die frohen Jugendspiele die Ewigkeit hineinstellten und auch im Gemüte des Knaben bleibende Segensspuren hinterließen. Der Bruder Karl wurde von langem Siechtum erlöst, und nicht lange darauf starb der älteste Bruder Ludwig an den Folgen eines Duells. Er war in einen Ehrenhandel verwickelt und hatte nach den Anschauungen seines Standes keinen anderen Ausweg finden können. Er selbst hatte in die Luft geschossen und die rechte Hand, welche die abfeuernde Pistole hielt, auf die Brust gelegt. Da durchbohrte ihn die Kugel des Gegners das Handgelenk. Die Wunde schien leicht, aber nach wenigen Tagen trat eine Nervenlähmung ein, die schnell zum Tode führte. Diese Tage aber, in denen die Mutter um des Sohnes Seele ringen durfte, noch heißer und ernster als bisher, in denen der Sterbende sich mit aller Entschlossenheit hinwendete zu dem, bei dem allein Hilfe ist, machten einen tiefen Eindruck auf das junge Gemüt. Zum ersten Male durfte Friedrich Krankenpflege üben und Nachtwache halten, zum ersten Male der Feier des heiligen Abendmahles beiwohnen, das die Eltern mit dem Sterbenden von der Hand des treuen Hofpredigers Snethlage empfingen. Es war dem jungen Schüler, als wäre der Himmel ganz nahe auf Erden, und das letzte Wort, das die Mutter dem sterbenden Sohn zurief, prägte sich unauslöschlich tief in seine Seele: „Fürchte dich nicht, ich habe dich erlöset, ich habe dich bei deinem Namen gerufen, du bist mein."

Bald darauf kamen die Stürme des Jahres 1848. Der Primaner durchlebte die Märztage mit ihren alle patriotischen Herzen tief verwundenden Ereignissen aus nächster Nähe. Am 19. März verließ er mit seinen Brüdern zu Fuß die Stadt Berlin. Das Vaterland schien verloren. Im ersten Schmerz waren sie entschlossen, nach Amerika zu gehen, um im Urwald sich eine neue Heimat zu schaffen. Aber so weit kamen sie nicht. Die Eltern schlugen in Velmede ihre neue Wohnung auf. Friedrich aber sollte in Dortmund sein letztes Schuljahr absolvieren. Vor seinem Eintritt dort wurde der 17 jährige vom alten Pastor von Velsen in Unna konfirmiert. Weil die Zeit bis zum Palmsonntag kurz war, ließ der ehrwürdige Mann den Konfirmanden jeden Vormittag allein auf sein Zimmer kommen, um mit ihm über Gottes Wort und die Hauptstücke zu sprechen. Diese stillen Stunden im Pfarrhaus zu Unna haben einen nachhaltigen Eindruck hinterlassen und zwischen Lehrer und Schüler ein Freundschaftsband geknüpft, das bis zum Ende des alten Pastors in dankbarer Treue festgehalten worden ist.

2. Lehr- und Wanderjahre.

Nachdem im Frühling 1849 auf dem Gymnasium zu Dortmund das Abgangsexamen glücklich bestanden war, kam die schwere Frage der Berufswahl. Zuerst wurde an das Bergfach gedacht. Um es kennen zu lernen, ist der Vater im Bergmannsanzug mit der Grubenlampe eingefahren und hat als Hauer seine Schichten durchgearbeitet. Aber er fand keinen Gefallen an der dunklen Arbeit im Schoß der Erde. Er brauchte Licht und Sonne für sein Leben. So richtete sich sein Blick auf die Landwirtschaft. Zunächst ging er ein Semester als Studiosus der Philosophie nach Berlin und beschäftigte sich mit Physik und Botanik. Im Herbst aber trat er als Landwirtschafts-Eleve bei dem Landesökonomierat Koppe aus der Domäne Kienitz im Oderbruch ein.

Der alte Herr Koppe war einer der besten Landwirte jener Zeit. Durch eisernen Fleiß und beharrliche Sparsamkeit hatte er es vom armen Hirtenjungen zum Großgrundbesitzer gebracht. Er verstand es, seine Schüler vor allem die Kunst zu lehren, ganz genau zu rechnen und im Kleinsten treu zu sein. Wenn der Vater manchmal ein Finanzgenie genannt worden ist, so ist das wohl vor allem dieser Schule zu verdanken. Es war eine Zeit harter Arbeit. Von morgens um 5 bis abends um 8 Uhr hinter dem mit fünf Ochsen bespannten Pfluge hergehen oder die mit vier Pferden bespannte Egge regieren, war für den jungen Mann, der von der Schulbank kam, ein saures Geschäft. Aber er griff vom ersten Tage an tapfer zu und war entschlossen, die praktische Arbeit bis in jede Einzelheit kennen zu lernen: die Rübenbestellung und -ernte, das Dreschen, die Behandlung des Korns, besonders die Buchführung, alles wurde gründlich betrieben. Und doch ging der junge Eleve nicht in äußerlicher Arbeit unter. Morgens um 5 Uhr beim Frühstück las er den Tacitus. Wenn er hinter den Rübenhackern auf und ab ging, um sie bei der Arbeit zu beaufsichtigen, hatte er den Wandsbeker Boten in der Tasche und lernte hie und da ein gutes Lied daraus; in der Mittagspause aber las er den Knechten und Mägden schöne Geschichten vor.

Im Herbst 1850 drohte der Krieg mit Österreich. Der Großvater hatte sich als Oberst ein Regiment erbeten, und für seine Söhne verstand es sich von selbst, daß sie sich auch zur Fahne meldeten. Darum trat auch der Vater alsbald als Freiwilliger bei den Gardejägern ein, wurde aber nach einigen Tagen wieder entlassen, weil die Kriegswolken sich verzogen hatten. So konnte er noch einmal in den Oderbruch zurückkehren, um dann im Frühjahr 1851 beim Kaiser Franz-Grenadier-Regiment in Berlin des Königs Rock anzuziehen. Wieder ließ er sich bei der Universität immatrikulieren, diesmal als Studiosus der Rechtswissenschaft.

Aus dem Studium wird nicht viel geworden sein, denn der militärische Dienst nahm alle Kräfte in Anspruch. Aber er sollte ein jähes Ende finden. Fünfmal hatte der junge Einjährig-Freiwillige schon Wachtdienst getan, das letzte Mal vor dem Palais des Prinzen Wilhelm in der Nacht vor der Enthüllung des Denkmals des alten Fritz Unter den Linden. Wenige

Tage darauf fand eine Felddienstübung am Kreuzberg statt. Es war ein heißer Tag; nach anstrengendem Marsch wurde plötzlich „Halt" kommandiert. Der schnelle Übergang aus der Erhitzung in die Abkühlung brachte dem jungen Soldaten eine heftige Erkältung. Vergeblich sträubte sich seine Energie einige Tage gegen die Krankheit. Dann mußte er sich mit einer schweren Lungenentzündung in das Garnisonlazarett bringen lassen. Durch das Ungeschick eines jungen Arztes, der ihn erst viel zu stark zur Ader ließ und dann mit einer doppelten Dosis Digitalis beinahe vergiftet hätte, wurde die Sache wesentlich verschlimmert. Der Kranke schwebte wochenlang zwischen Leben und Tod. Die treue Mutter eilte aus Westfalen zur Pflege herbei. Nur ganz allmählich wurde die Gewalt der Krankheit gebrochen.

Diese schweren Wochen waren für sein Leben von großer Bedeutung. In den ersten Tagen seiner Krankheit hatte er mit zwei Kameraden ein Zimmer geteilt, von denen der eine ein frommer Mensch war, der still und dankbar sein schweres Leiden trug, der andere aber ein Spötter, der mit Schelten und Fluchen sich gegen die Züchtigung Gottes wehrte. Dieser Unterschied machte auf den Vater einen tiefen Eindruck. Aber noch etwas anderes lernte er praktisch in jenen Tagen: Wie wertvoll eine sorgfältige Krankenpflege durch treue Hände sei. Die Krankenwärter des Lazaretts schliefen immer, und alle Bitten der Verschmachtenden um einen Trunk kühlen Wassers blieben unerfüllt. Wäre sein treuer Schulkamerad Bossard nicht gewesen und die Mutter nicht gekommen, er hätte unter der schlechten Pflege elend sterben müssen. Wie manchmal hat er später diese seine Erfahrungen im Unterricht der Brüder und Schwestern verwerten können!

Nach neunmonatlicher Dienstzeit wurde er als „mit der Muskete ausgebildeter Halbinvalide" entlassen. An eine Fortsetzung des juristischen Studiums war nicht zu denken. Durch die anscheinend dauernde Schwächung der Gesundheit schien in das junge Leben ein schwerer Riß gekommen zu sein. Als der „Halbinvalide" nach der letzten Untersuchung das Haus des Arztes in Berlin verließ und der Droschkenkutscher ihn fragte, wohin er ihn fahren sollte, da antwortete er, das wisse er selber nicht, er möge ihn hinfahren, wohin er Lust hätte. So fuhr ihn der Droschkenkutscher geradeswegs zur Post. Und weil diese eben angespannt war, entschloß er sich schnell, zu seinem alten Jugendfreunde von Senfft zu fahren. Dort wurde ihm der Weg zu neuer Arbeit gezeigt. Denn wenige Monate später trat er als landwirtschaftlicher Inspektor in die Dienste des Vaters seines Freundes auf dem Gute Gramenz in Pommern.

Dort führte er, zunächst nur mit der Verwaltung eines Vorwerks betraut, ein fröhliches Reiterleben. Neben der Arbeit ging wie früher die Fürsorge für seine Leute her. Weil ihm die sonst üblichen Trinkgelage verhaßt waren, veranstaltete er für die Tagelöhner Volksfeste im Walde, die mit Gebet begonnen und geschlossen wurden. Seine Meinung war und blieb, daß man böse Sitten nicht einfach verbieten könne, sondern durch bessere ersetzen müsse. Die volkstümlichen Waldfeste, die man jetzt in Bethel feiert, sind Nachfolger jener Versammlungen geworden, die der junge Wirtschaftsinspektor in den pommerschen Wäldern gehalten hat.

Je mehr seine Verantwortung wuchs — im Laufe der Zeit wurde ihm die Verwaltung von fünf Gütern übertragen —, um so mehr traten die sozialen Probleme mit ihrem drückenden Ernste in sein Leben hinein. Es waren dieselben Fragen, die später ein gutes Teil seiner Lebensarbeit ausgefüllt haben. — Der alte Herr v. S. war in finanzielle Schwierigkeiten geraten, und, um sich aus seiner Verlegenheit zu helfen, verfiel er auf ein verzweifeltes Mittel: Er nahm den Tagelöhnern und Erbpächtern immer mehr von dem ihnen überlassenen Lande ab, um es in eigene Bewirtschaftung zu nehmen, und drängte sie so von ihrer heimatlichen Scholle fort. Der Sohn stimmte in der Maßregel mit seinem Vater nicht überein; und es konnte wohl geschehen, daß die beiden jungen Freunde, der junge v. S. und unser Vater, wenn sie nachts durch den stillen Wald heimwärts ritten, unter irgend einer alten Eiche halt machten, und daß dann der junge Herr v. S. im Geiste alle die alten Pächter seines Vaters um sich sammelte, um sie in flammender Rede zum Aufruhr anzufeuern gegen den, der sie von ihrem väterlichen Herde vertreiben wollte. Unter diesen schmerzlichen Erfahrungen prägte es sich dem jungen Landwirt tief ins Herz, welche Segensmacht in dem eigenen Herde und der heimatlichen Scholle liegt.

Die andere Not unseres Volkslebens, die ihm nahetrat, war die Trunksucht. Einmal hatte er eine Rolle mit 100 Talern geschenkt bekommen. Er hoffte mit ihrer Hilfe manche Sorge in seinen Tagelöhnerfamilien heben zu können. Da kommt er bei seinen Wegen durchs Dorf an eine baufällige, verräucherte „Kate", und wie er durch die Tür hineindringt, sieht er unter einer zerlumpten Decke auf dem Fußboden eine Leiche liegen. Es ist die Mutter des Hauses, die im Elend gestorben ist. Wie er aber noch entsetzt vor diesem Anblick steht, da beginnt sich die Decke zu bewegen. Unter den Lumpen guckt ein Kinderköpfchen hervor und nach einer Weile noch ein zweites: die Kleinen hatten sich vor der Kälte zu der toten Mutter geflüchtet. Bald kommt auch der Vater der Kinder, und der junge Gutsinspektor teilt mit vollen Händen von seinem Gelde aus. Aber er merkt, daß alles ganz umsonst ist. Denn der Mann ist ein armer Trinker, der alle Gaben nur als willkommene Hilfsmittel zur Unterstützung seiner Leidenschaft ansieht. Der junge Inspektor aber lernt aus dieser Erfahrung, dass man gegen die Trunksucht mit Geld nichts ausrichten kann, sondern daß hier eine viel tiefgreifendere Hilfe nötig ist.

Mächtiger noch als die fremde Not bedrückt das junge Herz in jener Zeit die eigene. Ungestilltes Sehnen und Suchen erfüllt die Seele, und das Bewußtsein wird immer deutlicher, daß Gott ihm noch einen anderen Weg zeigen würde. In den Kämpfen jener Tage hatte der Vater zwei treue Freunde, die zu den „Stillen im Lande" gehörten. Der eine war der Posthalter des Dorfes, Mellin, der hinter seinem Postbüro ein stilles Stübchen hatte und auf dessen Tisch eine offene Bibel. Mit der offenen Bibel und einem Herzen voll brennender Heilandsliebe hat der stille Mann, der jetzt längst auf dem Friedhof von Bethel schläft, an den jungen Leuten, die zu ihm kamen, Seelsorge geübt. Auch der junge Inspektor gehörte zu denen, die sich heimlich bei ihm Rat und Trost zu suchen pflegten. — In einer elenden Hütte des Dorfes aber lag seit 28 Jahren ein armer Mann auf seinem Schmerzenslager. Den „kranken Fritz" nannte man ihn bloß. Aber bei allem Elend war er unermeßlich reich, denn er wußte, was Vergebung der Sünden sei. Und mit diesem seinen Besitz wurde er der zweite Seelsorger des nach Frieden verlangenden Herzens.

So reifte die Seele des jungen Landwirts in der Stille für die Stunde, in der Gott ihn rufen wollte. Inzwischen war die Last der Verantwortung, welche auf seine Schultern gelegt war, immer größer geworden. Das drückte ihn schwer. Besonderen Kummer bereitete ihm aber der Umstand, daß er nie für sich allein sein konnte, um einmal in der Einsamkeit etwas für sich zu lesen. Die einzige Zeit dafür wäre der Sonntagnachmittag gewesen. Aber da mußte er mit seinen zwölf Inspektoren, die ihm unterstellt waren, kegeln. Er wagte es nicht, sich dieser Verpflichtung zu entziehen, und bat Gott manchmal, er möchte ihm einen Weg zeigen, aus dem er die für sein inneres Leben nötige Ruhe finden könnte. Da, im Mai 1854, wurde er plötzlich durch die Nachricht vom Tode seines Vaters überrascht, der auf einer Dienstreise im

Süden Westfalens gestorben war. Er eilt nach Hause, findet aber das Grab schon geschlossen. Nach seiner Rückkehr setzt er sich des Morgens in Gramenz auf sein Pferd. Das ist in der langen Ruhezeit übermütig geworden, steigt in die Höhe und wirft seinen Reiter auf das Steinpflaster. Es geschieht ihm kein Schaden, nur der rechte Arm ist verletzt. Sofort ist ihm klar: „Nun kann ich nicht mehr kegeln. Gott hat mir meinen freien Sonntagnachmittag beschert!" —

Die freien Stunden verwendet er auf das Studium des Neuen Testaments, dessen Inhalt nun für ihn ganz neue Bedeutung gewinnt. Daneben fällt sein Auge auf einige der Basler Missionstraktate, die er schon zu Hunderten an die Kinder seiner Tagelöhner verteilt hatte, ohne je eins selbst gelesen zu haben. Eins davon hieß: „Tschin, der Chinesenknabe", und erzählte von einem kleinen Chinesen, der, nach England gebracht, dort zum lebendigen Glauben gekommen war und dem fortan die Frage keine Ruhe mehr ließ: „Mit welcher Stirn soll ich am Tage des Gerichts meinen Landsleuten gegenübertreten, wenn sie mit lauter Stimme gegen mich zeugen werden, dass ich den Weg zum Himmel gewußt habe, und bin doch nicht zu ihnen gekommen, um auch ihnen denselben zu zeigen." Diese schlichte Frage fuhr dem jungen Wirtschaftsinspektor wie ein Blitzstrahl ins Herz, und im selben Augenblick stand ihm seine Zukunft völlig deutlich vor der Seele: „Du darfst ein Bote des Evangeliums werden!"

Aber noch fühlte er sich in seinem Dienst gebunden. Noch wartete er auf eine bestimmte Weisung seines Herrn. Ein halbes Jahr fast ging darüber hin. Der Herbst kam herbei. Die Erntezeit war da. Bei anhaltender Hitze reifte das Korn beängstigend schnell, und für den jungen Inspektor bedeutete es keine kleine Sorge, wie er der großen Erntearbeit Herr werden sollte. Da setzte er sich eines Morgens bei Tagesanbruch auf sein Pferd und jagte in den Nachbardörfern umher, um Arbeiter zu dingen für seine Ernte. Am Vormittag kommt er in ein Städtchen, namens Bublitz. Aus der Kirche hört er Singen. Er springt vom Pferd und bindet es an einen Baum. Mit Mühe nur findet er noch einen Platz. Es wird gerade Missionsfest gefeiert, und der Text des Predigers lautet: „Die Ernte ist groß, aber wenig sind der Arbeiter; bittet den Herrn der Ernte, daß er Arbeiter in seine Ernte sende." Mit großem Ernst fragt der Prediger, ob denn nicht einer da wäre in der großen Versammlung, der bereit wäre, nicht nur um Arbeiter zu bitten, sondern selber hinauszugehen. Da klingt aus der Seele des jungen Reitersmanns ein fröhliches „Ja". Wenige Wochen noch, da ist die irdische Ernte eingebracht; der junge Gutsinspektor aber macht sich auf, um in Basel Theologie zu studieren und sich für den Missionsdienst vorzubereiten.

Drei Semester hat er in der vielgeliebten Stadt am Rhein zugebracht, der er bis ans Ende treue Dankbarkeit bewahrt hat für all den Segen, den er dort empfangen. Es war für ihn die Zeit der ersten Liebe. Wenn er später jungen Studenten mit glühenden Farben vormalte, welch unbeschreiblich großes Glück es sei, aus dem freien offenen Born des lauteren Wortes Gottes schöpfen zu dürfen, dann haben gewiß die Bilder jener Tage vor seiner Seele gestanden, wo er zu den Füßen von Auberlen, Johannes Riggenbach, Hagenbach und Stockmeyer gesessen. Manchmal hat das Licht in dem kleinen Studierzimmer am Petersplatz bis in die Nacht hinein gebrannt. Manchmal auch konnte man den Studenten schon in der Morgenfrühe hinauswandern sehen aus dem schönen, alten Spalentor, um draußen in der Stille sein Neues Testament zu lesen. Vor allem aber ging er im Missionshaus aus und ein und nahm dort am Unterricht bei Geß, und Inspektor Josenhans teil. Mit vielen Missionszöglingen verband ihn bald eine treue Freundschaft. Mit ihnen zog er in die benachbarten badischen und schweizerischen Dörfer, um Bibelstunden und Gottesdienste zu halten, und die Abschiedsfeiern der Ausziehenden befestigten sein Verlangen immer mehr, bald als Diener des Evangeliums unter den Heiden den gleichen Weg gehen zu dürfen, der ihm unter allen als der größte erschien.

Bei aller Energie, mit der der junge Student die theologischen Fragen durchdachte, bewahrte er doch immer eine große Pietät vor der Heiligen Schrift. Das, was er später wohl das „einfältige Christentum" zu nennen pflegte, war schon damals das Ziel seiner inneren Arbeit. Als die Bedingung dieser Einfalt des Geistes galt ihm die Armut und Anspruchslosigkeit in äußeren Dingen. Der Unterschied der Kinder Gottes von der Welt wurde ihm wichtig, und der Verzicht auf vieles, was ihm sonst wertvoll gewesen war, wurde ihm zur inneren Notwendigkeit. Auf einer

Wanderung, die er mit seinem alten Schulfreund Bossard durch die Schweiz machte, kam er eines Tages zur schönen Isola bella am Lago Maggiore. Da nahm er ein Buch, in das er seine eigenen Gedichte zu schreiben pflegte und das er bis dahin neben seinem Neuen Testament mit sich geführt hatte, band es an einen Stein und versenkte es in die Tiefe des Sees. Auch diese Kette, die ihn, wie er glaubte, mit seinem alten Leben verband und ihm gefährlich werden konnte, sollte mit Entschlossenheit zerrissen werden.

Es konnte nicht ausbleiben, daß sich auf den jungen Mann schon damals manches Auge richtete. Der alte Zeller in Beuggen hat ihn oft bei sich gesehen. Auf der Crischona war er kein Fremder, und vor allem hatte der alte Vater Spittler ihn ins Herz geschlossen. Es kam damals eine in Deutschland getaufte abessinische Fürstentochter nach Basel, und durch sie wurde die Aufmerksamkeit der christlichen Kreise dort auf dieses merkwürdige afrikanische Reich gerichtet. Spittler aber faßte den Entschluß, seinen jungen Freund so schnell als möglich zum Bischof Gobat nach Jerusalem und dann an den Hof des Königs von Abessinien zu schicken. Solch ein Ruf hatte etwas Verlockendes, und der Vater träumte schon davon, wie er von Jerusalem aus die Straße des Kämmerers aus dem Mohrenlande ziehen würde. Da erhob der Missionsinspektor Josenhans Einspruch und geriet darüber mit dem alten Spittler hart aneinander. Dem jungen Studenten aber war es ein Schmerz, daß die beiden Männer sich zankten über seine Person. Er verließ Basel mit dem Gefühl, daß

Gott ihn zunächst für seine Zukunft wieder frei gegeben habe und er still weiter ausschauen müsse nach dem Platz, wo Gott ihn gebrauchen wollte. Zwei Tage vor seinem Auszug aus Basel aber hielt er in St. Elisabethen seine erste Predigt über das Wort aus dem Schluß von Jes. 53: „Er wird die Starken zum Raube haben."

Mit dem jüngsten seiner Baseler Studienfreunde, Theodor Zahn, dem späteren Professor, zog er für ein Semester nach Erlangen. Aus dieser Zeit mag nur ein Erlebnis hier mitgeteilt werden, das für die spätere Arbeit des Vaters nicht ohne Bedeutung war. In den Pfingstferien machte er eine Wanderung über Neuendettelsau in das Schwabenland hinein, wo er von Basel her viele Freunde hatte. Der Einfachheit halber hatte er sich einen Kittel von gewöhnlicher grauer Leinwand machen lassen, so daß niemand seinen Stand erkennen konnte. Unterwegs in den Bergen überraschte ihn ein Unwetter, so daß er kaum noch vorwärts kommen konnte. Da trifft er einen anderen Wandersmann, einen reisenden Handwerksburschen. Die beiden schließen bald gute Kameradschaft, kehren miteinander im Wirtshaus ein, und der Buchbindergeselle unterrichtet während der Nacht den jungen Studenten in allen Geheimnissen der „Brüder von der Landstraße", während umgekehrt auch der Student von dem nicht schweigt, was in seinem Herzen lebt. — 32 Jahre später hat der frühere Erlanger Student in Leipzig einen Vortrag zu halten über den „barmherzigen Holzstall". Im Vereinshaus wird ihm bei seiner Ankunft mitgeteilt, es sei ein Handwerksmeister aus der Stadt dagewesen, der habe ein Buch hinterlassen als Zeichen, daß ihm Pastor v. B. bekannt sei: es ist ein altes halbzerrissenes Neues Testament, mit einer kurzen Widmung des ehemaligen Erlanger Studenten versehen. Nach dem Vortrag aber meldet sich ein würdiger Buchbindermeister im grauen Bart. Und es stellt sich heraus, daß es eben jener Handwerksbursche aus dem Schwabenlande war, dem die Wanderung mit dem jungen Studenten und das Neue Testament, das er zum Abschied geschenkt bekommen hatte, von entscheidender Bedeutung für sein ganzes Leben geworden war, und der seinerseits dem jungen Studenten die erste Anleitung gegeben hatte für seine spätere große Arbeit an den Handwerksburschen.

Schon damals muß überhaupt der Vater auf alles, was müde, verirrt, krank oder heimatlos war, jene starke Anziehungskraft ausgeübt haben, die wir alle später an ihm kannten. Schon damals war es seine liebste Beschäftigung, dem Kleinen und Verlorenen nachzugehen. Die Barmherzigkeit wird seine Königin, und der Dienst der Liebe füllt sein Leben aus. Die letzte Reise, die er von Erlangen aus macht, hat den Zweck, einen sterbenden Studenten in seine Heimat zu bringen. In Berlin aber, wo er seit dem Jahre 1856 seine Studien fortsetzt, hilft er jeden Morgen im Militärlazarett die kranken Soldaten pflegen; und während des sechswöchigen Seminarkursus in Erfurt geht er den Bettlern nach und findet in einem verkommenen Stadtviertel ein ganzes Nest von Obdachlosen, denen er sich bemüht statt der erbettelten Almosen Arbeit zu schaffen. Da sind die ersten Vorstudien gemacht für das, was der Greis nach fünfzig Jahren in Hoffnungstal geschaffen hat! Schon damals aber soll es vorgekommen sein, daß, wenn er von solchen Reisen heimkehrte, und seine Mutter den Koffer des Sohnes revidierte, dieser merkwürdig leer war. Die Hemden und Strümpfe hatten eine anderweitige Verwendung gefunden.

Doch wurde über der praktischen Liebesarbeit der Ernst des Studiums nicht vergessen. Je näher aber das Ende der Studienjahre heranrückte, umso banger wollte ihm werden. Manche durchwachte Nacht in Erlangen und Berlin ist Zeuge heißer Kämpfe gewesen. Die Frage drückte sein Herz: „Nehme ich aus diesen Jahren des Lernens so viel mit, daß ich wirklich den Heiden das Evangelium verkünden kann?" Aber auch der Gedanke an ein heimatliches Pfarramt war ihm schwer. Zu viele Fragen waren ihm noch ungelöst geblieben. Er traute sich noch nicht in die Öffentlichkeit. Da zeigte Gott einen unerwarteten Ausweg.

Schon von Basel aus war er durch einen seiner nächsten Studienfreunde, einen jungen Pariser, namens Steg, mit den Verhältnissen der evangelischen Gemeinde in der französischen Hauptstadt bekannt geworden. Mit diesem Freund traf er am Schluß des Berliner Jahres im gastlichen Hause der Familie Klein-Schlatter in Barmen zusammen. Es war auf der Festwoche des Jahres 1857. In einer freien Stunde besuchte der Vater das Missionskinderhaus. Und als er dort den Hausvater so herzlich mit seinen Kindern reden hörte, kam ihm plötzlich der Gedanke: Das könntest du vielleicht auch! Wenn du im Augenblick noch nicht den Mut hast, zu den Heiden hinauszugehen oder großen Leuten zu predigen, so kannst du doch vielleicht Kinder unterrichten. Gleich darauf führte ihn sein Freund Steg zu Pfarrer Meyer aus Paris, der auch auf der Festwoche war. Der schilderte ihm die Not der deutschen Gassenkehrerkinder seiner Gemeinde und forderte den jungen Kandidaten auf, ihm nach seinem Examen zunächst für ein halbes Jahr zu helfen. Die Aussicht, dort in völliger Verborgenheit den Allergeringsten dienen zu dürfen, entsprach den Wünschen des Vaters, und so sagte er schnell entschlossen zu. Aber nicht nur das, sondern er machte sich auch sofort mit seinem Freund auf die erste Kollektenreise für Paris. Und merkwürdig! Diese erste Kollektenreise führte den „größten aller Bettler", wie man ihn wohl gescholten hat, an die Stätten, wo er diese edle Kunst des Sammelns später so reichlich üben sollte: ins Ravensberger Land und nach Bielefeld. Kaum war dann das erste theologische Examen bestanden — das zweite hat er „wegen Zeitmangels" überhaupt nicht gemacht —, so verließ er die Heimat und trat am 4. April 1858 seine Arbeit in Paris an.

3. In der Schule der Arbeit und des Lebens.

Es war ein richtiger Missionsposten, auf den sich der junge Kandidat in Paris gesetzt sah. Eine Gemeinde, der er hätte dienen können, war nicht vorhanden. Er mußte sie sich selber schaffen. Das geschah auf folgende Weise: In der 3. Etage einer großen Mietskaserne im Stadtteil Mont-Martre des nördlichen Paris mietete er sich zwei kleine Zimmer mitten in der ärmlichsten Umgebung. Eine eiserne Bettstelle, ein Tisch, zwei Stühle, ein alter Lehnstuhl bildeten die ganze Einrichtung der Pfarrwohnung, die zugleich als Schule dienen sollte. Dazu kam noch ein kleines Harmonium, das er für 100 Fr. kaufte, auf dem er aber nur mit einem Finger spielen konnte.

Dann wanderte er durch die engen, schmutzigen Gassen der Nachbarschaft und fand zwei kleine Mädchen mit blonden Haaren und blauen Augen, die ihre deutsche Abstammung deutlich verrieten. Sie gehörten einer jener hessischen Gassenkehrerfamilien an, deren es damals in Paris sehr viele gab. Bald sitzen die beiden Kleinen droben auf dem Zimmer vor dem Harmonium, und der unbekannte Mann spielt ihnen ein deutsches Lied vor. Dann fängt er an zu erzählen. An der Wand hängt ein Bild des Gekreuzigten. Das erklärt er den Kindern, die noch nie etwas von dieser wundersamen Geschichte gehört hatten. Unverwandt hängen ihre Blicke an dem Bilde, sie lauschen und lauschen und können gar nicht genug bekommen. Der junge Kandidat, der seine erste Stunde so zaghaft angefangen, sieht, wie der kleinen

Margarete eine Träne nach der andern aus dem Auge kommt. Da jubelt sein Herz, und es wird ihm gewiß: „Wenn du Kindern so vom Heiland erzählen kannst, daß ihr Herz warm wird, dann hat dir Gott eine Aufgabe hier in der großen Stadt gegeben." Dann schickt er die beiden Mädchen heim mit dem Auftrag, sie sollten morgen noch ein anderes Kind mitbringen. Und wirklich kommen am folgenden Tage drei Paar kleine Füße die steile Treppe heraufgestolpert. Seine beiden treuen Gehilfinnen haben nicht ohne Mühe einen Jungen mitgebracht, der auch das Bild besehen soll. So geht es weiter, und mit jedem Tag wird die Zahl der Kinder größer, und das wunderliche Schullokal ist bald viel zu eng geworden.

Durch die Kinder war die Verbindung mit den Eltern hergestellt, und bald wurde es immer deutlicher, wie notwendig es sei, den zerstreuten und unter der fremden Bevölkerung untergehenden Familien der Gassenkehrer und Lumpensammler einen Mittelpunkt zu schaffen. Aber wie sollte das möglich sein bei der Armut der Gemeinde und den teuren Preisen der Großstadt? Da, eines Tages machte der Vater wieder eine Wanderung durch die ärmsten Gassen der Vorstadt La Vilette. Müde von der Wanderung legt er sich in der Mittagshitze auf einem kleinen Hügel mitten zwischen den wüsten Steinbrüchen schlafen, welche damals noch an dieser Seite von Paris zu finden waren. Plötzlich wacht er auf, weil er glaubt, dicht neben sich eine Stimme zu hören, die ihm zuruft: „Dieser Hügel gehört dem Herrn." Wie er sich aufrichtet und umblickt, ist kein Mensch zu sehen. Aber er erkennt in der Stimme einen Wink von oben, sucht den Besitzer des Hügels auf und pachtet ihn schnell für einen geringen Preis. Sogleich geht es an den Bau eines schlichten Holzhäuschens, das mit seinen zwei Räumen zugleich als Wohnung und Schule dienen soll. Aber der Besitzer des Hügels verweigert die Erlaubnis, die Bäume zu fällen, auf deren Platz das kleine Haus stehen soll. So bleiben die Bäume auf ihrer Stelle stehen und ragen fröhlich aus dem Dach des Häuschens heraus, bis der Besitzer seinen Widerstand aufgibt, ja, endlich den ganzen Hügel an den jungen Eroberer abtritt. Das Häuschen aber steht noch heute an derselben Stelle, und der „grüne Hügel" von La Vilette, auf dem bald auch die Kirche und das Pfarrhaus errichtet werden, wird nach und nach eine Stätte des Segens und ist es bis heute geblieben.

So zeigt sich schon in jenen ersten Anfängen in Paris die Art des Arbeitens, die mit praktischem Griff hineingreift in die vorhandene Not, immer im kleinen anfängt, nichts gründet oder künstlich machen will, sondern wartet auf Gottes Wink und Geschenk, dann aber um so fröhlicher alle Hindernisse zu überwinden weiß. Ohne ein System, ohne einen vorher festgelegten Plan, aber aus den inneren Lebenskräften heraus wurde so die Arbeit in Paris schnell vorwärts geführt.

Dem auf einsamem Vorposten Stehenden wurden die rechten Gehilfen zugeführt. Zuerst sein treuer Lehrer Witt, der ihm den Unterricht der Kinder abnahm. Dann die längst geliebte und dann unerwartet geschenkte Gehilfin seines Lebens und seiner Arbeit, von der er nach ihrem Tode schreibt: „Sie ist fast 34 Jahre lang meine treue Fürbitterin, Beraterin, Pflegerin des Leibes und der Seele gewesen, sie hat mir nicht allein in der Hitze des Tages den Schweiß von der Stirn gewischt, sondern auch mein Herz abgekühlt, wenn es heiß herging, und mich ebenso treu gewarnt und gestraft als getröstet und geliebt. Auch meinen Kindern ist sie eine unvergeßliche Mutter gewesen."

Als die junge Frau im Frühling 1861 in Paris einzog, waren die Verhältnisse für eine Ministertochter recht bescheiden. Das Pfarrhäuschen aus Holz hatte nur eine Grundfläche von 8 mal 8 Metern. In dem unteren Stockwerk wohnten der Lehrer Witt und seine Frau, in dem oberen die Pfarrersleute, im Dachstübchen war die Herberge zur Heimat untergebracht. Im ganzen Hause war nur ein Ofen, der durch seine Röhre auch das obere Stockwerk heizen mußte. Außer der oben beschriebenen Einrichtung des Kandidatenstübchens waren Möbel nicht vorhanden. Das junge Paar kaufte sich am Tage nach der Ankunft einfach das Nötigste in der Stadt. Für alles überflüssige fehlte der Platz, und wenn die Großmutter aus der Heimat zu Besuch kam und in das Schlafzimmer wollte — es war gerade die Zeit der Reifröcke —, dann mußte erst das Bettchen ihres neugebornen Enkelsöhnchens herausgetragen werden. Und doch war das kleine Haus voll Sonnenschein, und mancher der vielen Heimatlosen und Verirrten, der sich aus dem Getriebe der Großstadt auf den grünen Hügel geflüchtet hatte und in dem Stübchen droben gastliche Aufnahme fand, hat etwas von dem Frieden zu schmecken bekommen, der höher ist denn alle Vernunft.

Dieser Segen wurde vertieft durch das Leid, das Gottes Hand auferlegte. Nach der Geburt des ersten Sohnes verfiel die Mutter in eine schwere Nervenkrankheit, von der sie sich erst nach Monaten in der Heimat erholte. Aber auch nach ihrer Herstellung mußte man fürchten, daß sie auf die Dauer den Anforderungen der Pariser Arbeit nicht gewachsen sein würde. Ihr Mann hatte bisher alle Berufungen, welche aus Deutschland an ihn kamen, abgelehnt. Jetzt glaubte er mit Rücksicht auf die Seinen sich aus der geliebten Arbeit in Paris lösen zu dürfen, zumal diese durch die Vollendung des Kirchbaus zu einem gewissen Abschluß gekommen schien. So nahm er einen Ruf der Gemeinde Dellwig, welche ihn zu ihrem Pfarrer gewählt hatte, an. An einem Frühlingstag des Jahres 1864 zog er in dem westfälischen Dörflein ein, das im lieblichen Ruhrtal, nicht weit von seiner Heimat gelegen war.

Der Wechsel gegenüber der Pariser Arbeit war groß. Dort in geistlicher Beziehung völliges Neuland, das zum ersten Male bearbeitet werden mußte, hier eine durch die Jahrhunderte befestigte Überlieferung. Dort beim Mangel aller Formen kirchlichen Lebens die Möglichkeit, alles von innen heraus zu organisieren, hier die unumstößlichen Ordnungen eines „Wandels nach väterlicher Weise" auch in den Äußerlichkeiten des Gottesdienstes. Dort die hin- und herflutende, von der Heimat gelöste Großstadtbevölkerung; hier ein an die Scholle angeschmiedetes Geschlecht, zähe wie der Boden, den es bearbeitet, und knorrig wie die Eichen ihrer Höfe. Dort die Armut mit ihrem Elend, hier die Wohlhabenheit westfälischer Bauern mit ihrem Stolz, aber auch mit ihrer ehrenfesten Treue.

Doch als Vorschule für die künftigen Aufgaben in Bethel sind die 8 stillen Jahre in dem Dorf an der Ruhr dem jungen Pastor und seiner Frau von unschätzbarem Wert gewesen. Wenn der Diakonissenvorsteher später seine heimatlichen Gemeinden, aus denen die Schwestern kamen und in die er sie schickte, so genau kannte, — wenn der Seelsorger von Tausenden ein feines Verständnis hatte auch für das Gedankenleben der Leute vom Lande, — wenn der Politiker sich durch manche Klippen der Parteikämpfe seinen Weg suchen mußte — in allen diesen Beziehungen hatte der Vater seinen lieben Dellwigern viel zu verdanken. Trotz mancher Schwierigkeiten und Enttäuschungen war es doch eine glückliche Zeit dort in dem kleinen, so bescheidenen Pfarrhaus, in das vier blühende Kinder eine Fülle von Sonnenschein brachten.

Dann kamen aber auch sehr ernste Zeiten. So vor allem während der beiden Kriegsjahre 1866 und 1870, in denen die Pastorin ihren Mann hinausziehen lassen mußte auf die Schlachtfelder am Main und vor Metz, damit er als Feldprediger den Verwundeten und Sterbenden diente. Damals schloß sich zwischen ihm und seinen Ravensbergern, die er vor allem zu versorgen hatte, ein Bund fester Waffenbrüderschaft.

Zu dem Mann, der im Kugelregen mit ihnen gebetet, der sie unter ihren Schmerzen getröstet, der vielen Sterbenden die Augen zugedrückt, hatten sie alle ein starkes Vertrauen gefaßt. Darum als er einige Jahre später nach Bielefeld kam, war er ihnen allen, die im 15. und 55. Regiment mitgefochten hatten, ein wohlbekannter Freund. Wie mancher hat seinem alten Feldprediger gern seinen Sohn oder seine Tochter geschickt als Mitstreiter für den neuen Feldzug, den es in Bethel zu übernehmen gab! Und auch ihm selbst hat all die Sterbensnot, in die er auf den Schlachtfeldern und in den Lazaretten blicken mußte, das Herz insonderheit ausgerüstet für den Dienst an einer Gemeinde der Elenden und Sterbenden.

Doch in eine noch härtere Schule hat ihn Gott genommen, um ihn für diesen Dienst vorzubereiten. Am Weihnachtsabend 1868 hatte noch einmal heller Kinderjubel das Pfarrhaus erfüllt. Unter den vier lieblichen Kindern war besonders der älteste, Ernst, die ganze Freude seiner Eltern. Sein kleines Herz war weit aufgeschlossen für die Dinge der Ewigkeit. Es stand ihm fest, daß er einmal des Vaters Gehilfe werden wollte. Einmal am Weihnachtsabend kam er während der Predigt hinter ihm her leise auf die Kanzel geklettert, und der Vater fühlte plötzlich unter seiner Hand das blonde Köpfchen stehen, das treulich neben ihm aushielt bis er fertig war. Und wie Ernst, so war auch sein Schwesterchen, die 5 jährige Elisabeth, ein besonders liebes Kind, klug und fein und allem Guten offen. Wenige Tage nach dem Fest erkrankte Ernst am Stickhusten, zu dem eine Lungenentzündung hinzutrat. Bald darauf legten sich die drei kleinen Geschwister auch. Friedrich, der vorkleinste, wurde zuerst auf dem Schoß der Mutter von seinem Leiden erlöst, nachdem er der weinenden Mutter eben noch mit seinen zitternden Händchen die Tränen abgewischt. Dann folgte Elisabeth, dann der jüngste, Karl, und endlich nach heißem Kampf, aber mit einem starken Heimweh nach der oberen Heimat und im gewissen Kinderglauben, der älteste. In 12 Tagen vier Kindergräber! Die Eltern kehrten in ihr vereinsamtes Haus zurück wohl mit zerrissenen Herzen, aber doch mit der Gewißheit, die durch alle diese Trauertage hindurch geklungen hatte! „Die mit Tränen säen, werden mit Freuden ernten."

4. Lasset uns auf sein und gen Bethel ziehen.

Im Herbst des Jahres 1871 klopfte der Kaufmann Gottfried Banfi und der Pastor Simon aus Bielefeld an die Türe des Pfarrhauses von Dellwig an und brachten einen Ruf an die eben im Entstehen begriffenen beiden Anstalten Bethel und Sarepta. Vor vier Jahren war die Arbeit in dem kleinen Hof hinter dem Sparenberge in der Stille begonnen. Jetzt nach dem Krieg, der die Entwicklung aufgehalten, begann sie sich zu erweitern. Darum schien die Berufung eines besonderen Anstaltsgeistlichen notwendig. Da hatten sich die Blicke auf den Dellwiger Pastor gerichtet, der im Ravensberger Land schon längst bekannt war, nicht zuletzt durch das von ihm herausgegebene Sonntagsblatt, der „Westfälische Hausfreund". Und während er bisher so manche andere Berufung abgelehnt hatte, glaubte er hier Gottes Wege zu erkennen. Am 25. Januar 1872 zog er in Bielefeld ein und hielt bald darauf seine Antrittspredigt über das Wort: „Das Los ist mir gefallen aufs lieblichste, mir ist ein schön Erbteil geworden."

Äußerlich angesehen schien die Aufgabe nicht allzu verlockend. Es war, als der Vater eintrat, nichts vorhanden als der alte Bauernhof, der unter sehr bescheidenen Verhältnissen zu einem Wohnhaus für Epileptische hergerichtet war und den Namen Ebenezer bekam. Der Neubau des Hauses Bethel, das später der ganzen Anstalt den Namen gab, war erst eben begonnen. Das Diakonissenhaus aber besaß nichts als ein kleines Haus in der Stadt Bielefeld. Für die Errichtung eines eigenen Heims war ein Platz jenseits des Sparenberges in Aussicht genommen worden. Einer der ersten wichtigen Beschlüsse, die der Vater herbeiführte, war die räumliche Verbindung beider Anstalten miteinander, indem jener Platz aufgegeben und das neue Diakonissenhaus in der Nähe von Bethel am westlichen Abhang eines der drei Bergrücken des Teutoburger Waldes erbaut wurde. Diese Lage erwies sich als außerordentlich günstig. Einerseits brachte die Nähe der Stadt mancherlei Vorteile. Andererseits war doch in den beiden abgeschlossenen, durch einen bewaldeten Hügel getrennten Tälern die Möglichkeit gegeben, sich zur Genüge auszudehnen.

Diese Ausdehnung ließ nicht lange auf sich warten. Man hatte bei der Fürsorge für die Epileptischen zunächst an die Kinder gedacht; aber bald stellte sich heraus: die Kinder kamen nicht in dem Maße, als man erwartet hatte. Stattdessen meldeten sich Erwachsene in großer Zahl, Leute aus allen Ständen und Berufen und Krankheitsgraden. Sehr bald war es dem Vater klar, daß es sich hier nicht nur um eine Arbeit für den Arzt und Seelsorger und Pfleger handelte, sondern um eine große soziale Aufgabe. Nicht die Krankheit an und für sich, nicht die Hoffnung gesund zu werden, führte die meisten Leute nach Bethel, sondern die Arbeits- und Heimatlosigkeit, das Ausgestoßensein aus der bürgerlichen und kirchlichen Gesellschaft. Von hier aus eröffnete sich nun für den ehemaligen Landwirt und Missionsarbeiter, den Gassenkehrerpastor und Dorfpfarrer eine Aufgabe, in der alle früheren Erfahrungen fruchtbar verwertet werden konnten. Denn es galt, neben sorgfältiger Pflege mit allen Mitteln der Wissenschaft vor allem den Kranken eine neue Heimat zu schaffen, eine Lebensgemeinschaft, in der jede Kraft noch verwertet und jeder Mensch nach Möglichkeit an den richtigen Platz gestellt wird.

Aus diesem Bedürfnis heraus sind im Laufe der Jahre die einzelnen Häuser von Bethel entstanden. Es kamen die Leute vom Lande. Sie wollten gerne wie bisher mit Egge und Pflug und Spaten arbeiten. Dazu brauchte man eine ausgedehnte Landwirtschaft. So reihte sich bald in dem langgestreckten Tal ein Ackerhof an den andern. Auf jedem sitzt ein Hausvater mit seiner Frau und seinen Kindern und mit ihm 40 oder 50 Kranke, die eine große Familie bilden. Der Hausvater arbeitet mit ihnen und pflegt sie mit Hilfe der Brüder nach Anweisung der Ärzte. Die Hausmutter kocht und flickt für sie; und die Kinder bringen Sonnenschein ins Haus. — Es kamen die Tischler, die Schuster, die Schneider. Sie wollten wiederum nicht gern ihr altes Handwerk missen. So wurden Werkstätten nötig. Aus den kleinsten Anfängen in irgendwelchen Keller- oder Bodenräumen entwickelten sie sich mit der Zunahme der Kranken zu selbständigen Betrieben. Jedes Handwerk bekam allmählich ein besonderes Haus. Auch hier steht immer ein verheirateter Hausvater an der Spitze, der zugleich der Meister ist. Er hat natürlich einige gesunde Gehilfen zur Seite, die vor allem die Arbeit an den Maschinen zu tun haben. Aber sonst sind Gesellen und Lehrlinge lauter Epileptische. Ähnlich ist es in den

Frauenhäusern. Auch sie zerfallen in kleinere und größere Familien, jede mit ihrer besonderen Beschäftigung. Da sind Näh- und Flickstuben; die einen schälen Kartoffeln, die andern stricken Strümpfe; hier ist eine große Waschanstalt, in der mit Hilfe von elektrisch getriebenen Maschinen etwa 80 Mädchen unter Leitung der Schwestern die Wäsche der Anstalt besorgen; dort ist eine andere Gruppe in der Landwirtschaft tätig. Überall fleißige Hände, munteres Singen, fröhliche Gesichter. Man vergißt oft, daß man in einer Gemeinde von Kranken lebt.

Im Ganzen sind es jetzt mehr als 2000 Epileptische, die in etwa 50 verschiedenen Häusern von Bethel ihre Heimat gefunden haben. Dazu kommen die mancherlei Betriebe und Geschäfte, die es der Anstalt möglich machen, fast alles, was sie gebraucht, selbst anzufertigen. Da findet man ein Warenhaus, ein Leinengeschäft, zwei Ziegeleien, eine elektrische Zentrale, ein Badehaus mit allen modernen Bädern, Schlachthof, Töpferei, eine große Mühle und Bäckerei, die jeden Tag für etwa 5000 Menschen zu sorgen hat.

Eine der originellsten Einrichtungen ist die Brockensammlung. Vor etwa 20 Jahren schrieb der Vater einmal auf die Bitte eines Kranken ein kleines Zettelchen, in dem er um allerlei alte Sachen bat, die niemand mehr gebrauchen konnte. Hier sollten sie wieder verwendet werden. Er ahnte selbst nicht, was er damit angerichtet hatte. Denn alsbald öffneten sich ungezählte Rumpelkammern und schütteten ihren Inhalt aus. Man wußte sich nicht zu helfen vor den vielen Sendungen, die täglich einliefen. Schnell mußte ein Haus gebaut werden, bald ein zweites, und es fand sich, daß das Auspacken, Sortieren und Reparieren der zerbrochenen Sachen eine besonders erfreuliche und doch auch nicht unnütze Arbeit für viele Kranke ist, die sonst kaum beschäftigt werden konnten.

Wie die körperliche Arbeit als eins der wichtigsten Heilmittel in Bethel geschätzt wird, so helfen nicht minder geistige Anregungen aller Art, den zerstörenden Folgen der Krankheit entgegenzuwirken. Da gibt es Schulen für Kinder; eine für die Schwachsinnigen in Patmos und zwei mit je vier Klassen für Knaben und Mädchen der Häuser Nazareth[*] und Bethsaida. Für die Fortsetzung des Unterrichts der epileptischen Lehrlinge sorgt eine Fortbildungsschule, die Handwerker bilden einen Jünglingsverein, der aus 200 kranken Mitgliedern besteht, aber ein so reiches und fröhliches Leben führt wie vielleicht nicht viele Vereine von Gesunden. Das „Assapheum", dessen verschiedene Säle über 2000 Menschen fassen, dient den patriotischen oder musikalischen Veranstaltungen: bald werden Lichtbilder gezeigt, bald Vorträge gehalten. Eine Turnhalle und verschiedene Spielplätze sorgen für körperliche Bewegung. Der Anstaltswald, der sich eine halbe Stunde lang auf dem Bergrücken entlang zieht und in dem teilweise die Anstaltshäuser verstreut liegen, gibt Gelegenheit zu den schönsten Spaziergängen.

---

[*] seit 1926 Kapernaum.

Der Mittelpunkt des ganzen Gemeindelebens aber wurde seit dem Jahre 1884 die Zionskirche, deren Giebel und kleine Türmchen aus dem Grün der Bäume freundlich zum Sparenberg hinübergrüßen. Ein schlichter Bau, wie es einer armen Gemeinde geziemt, und doch vor vielen anderen Kirchen ausgezeichnet, denn sie ist gebaut aus lauter freiwilligen Gaben der Liebe. Der frühere Spielkamerad des Vaters aus dem Park von Babelsberg, der damalige Kronprinz Friedrich Wilhelm und spätere Kaiser Friedrich Wilhelm III., hat den Grundstein gelegt und mit seinem Vater und seinem Sohn, Kaiser Wilhelm II., zusammen die drei schönen Fenster über dem Altar geschenkt. Aber was dieses Gotteshaus vor allem vornehm macht, das ist dieses, daß in ihm eine Gemeinde von Elenden und Kranken und Heimatlosen aus aller Herren Länder sich sammelt, um dem ihre Lieder zu singen, der „den Elenden herrlich hilft".

Gleich oberhalb der Zionskirche im Schutze der hohen Bäume liegt die Waldkirche der Anstalt. Im Halbkreis langsam nach hinten zu ansteigend, umschließen die Sitzreihen einen einfachen, aus Steinen erbauten Altar, über dem sich die Kanzel erhebt. Hier wird im Sommer regelmäßig Gottesdienst gehalten, sobald es nur irgend die Witterung erlaubt. Hier werden die großen Feste gefeiert, zu denen aus Bielefeld und dem Ravensberger Lande Tausende zusammenströmen; und die Jünglings- und Jungfrauenvereine und Posaunenchöre mit den Kranken von Bethel wetteifern in der musica sacra. —

So wuchs allmählich im Laufe von 38 Jahren eine Anstaltsgemeinde heran, die doch nicht eigentlich den Charakter einer Anstalt an sich trägt, sondern einer großen Familie, die Freude und Leid miteinander teilt. Je dunkler die Schatten der Krankheit waren, die besonders in den Häusern der Blöden und Geisteskranken sich auf das Herz des Vaters legten, um so mehr war er selber bemüht, den Geist der Freude und der Hoffnung in jedes Haus hineinzutragen. Darum hielt er es auch mit dem Rezept des Wandsbeker Boten: „daß in jeder guteingerichteten Haushaltung kein Festtag ungefeiert gelassen wird und daß ein Hausvater zulangt, wenn er auf gute Art und mit einigem Schein des Rechtes einen neuen an sich bringen kann."

Festtage von besonderem Glanz waren es, als der Kronprinz in dem kleinen Pfarrhause neben Sarepta einkehrte, und ein Jahr später bei der Einweihung der Kirche der Prinz Albrecht von Preußen. Vor allem aber lebt in der Erinnerung der 18. Juni 1897, an dem das geliebte Kaiserpaar die Bethelgemeinde besuchte, und der Kaiser unter dem Eindruck dessen, was er gesehen, auf dem Sparenberg es aussprach, daß „er sich hier Rat, Mut und Zuversicht geholt habe, freilich zu einem anderen Kampfe als dem mit Waffen. Soweit der Blick reicht und noch drüber hinaus im deutschen Vaterlande spürt man den Segen dieses wahrhaften Jüngers unseres Herrn."

Daß ein so reicher Segen von einer Gemeinde der Kranken ausgehen konnte, lag nicht nur an den mancherlei Anregungen, welche die erfinderische Liebesglut des Vaters überall hinbrachte, wo er Not und Elend sah, sondern auch an den Menschen, die Gott ihm zur Erziehung und Mitarbeit schenkte und die dann außerhalb der Zionsgemeinde in Arbeit traten. Das waren in erster Linie die Brüder und Schwestern des Diakonen- und Diakonissenhauses. Während er den Dienst an den Epileptischen im Besonderen bald anderen überlassen durfte, vor allem seinem treuen, ihm in unerschütterlicher Liebe verbundenen Pastor Stürmer, blieb die Arbeit im Diakonissenhaus der Mittelpunkt seiner eigenen Tätigkeit. Auch hier ging die Entwicklung ungesucht und ungewollt aus der Enge in die Weite. Auch hier wurden die Räume mit der wachsenden Schwesternzahl bald zu eng, und eine Krankenstation nach der andern mußte ausquartiert werden. So gruppierten sich um das Mutterhaus her eine Anzahl von Häusern, welche in erster Linie der Ausbildung der jungen Schwestern dienen: eine chirurgische Klinik, ein Isolierhaus für ansteckende Krankheiten, das Kinderheim mit besonderen Stationen für Knaben, Mädchen und Säuglinge. Dazu kamen, seitdem dem Vater im Anfang der 90 er Jahre die Aufgabe der Kirche an den Geisteskranken besonders aufs Herz gefallen war, einige Pflegehäuser für weibliche Gemütskranke. Etwa um dieselbe Zeit wurden die Seehospize auf der Insel Amrum gegründet. Inzwischen waren längst außerhalb von Bethel alle Zweige weiblicher Liebesarbeit übernommen worden: Gemeindepflegen und Kinderschulen, Waisenhäuser und Magdalenen Herbergen usw. Im Jahre

1910 arbeiteten auf 398 Stationen etwa 1260 Schwestern[†].

Trotz der wachsenden Zahl, trotz der großen Last anderer Aufgaben, die auf ihm lagen, blieb der Diakonissenpfarrer in Wahrheit der Vater der Schwestern. Er nannte sie fast alle „Du"; denn er sah sie als seine Töchter an, mit denen er Freud' und Leid teilte. Das „Herein ohne anzuklopfen", das immer an der Türe seiner Studierstube stand, galt vor allem ihnen, und in dem Kämmerchen neben seinem Arbeitszimmer, in dem er sie zu sprechen pflegte, durfte jeder Kummer und jede Sorge zum Vorschein kommen. Er erwartete viel von ihnen. Er mutete ihnen in der äußeren Arbeit oft sehr viel zu. Aber sie wußten, daß er an sich den gleichen Maßstab legte. Das Vertrauen, mit dem er die Schwachen stärkte, das Bewußtsein einer heiligen Verpflichtung, das er in die Herzen zu prägen verstand, und die Überzeugung, daß der Dienst nicht eine Last, sondern lauter Freude sei, half über viele Schwierigkeiten hinweg. In den Schwesternstunden und Brüderabenden — das Diakonenhaus wuchs im Laufe der Jahre auch auf etwa 450 Mitglieder, die auf 140 Stationen ihre Arbeit haben — wußte er immer aufs neue die Augen hell und die Herzen warm zu machen für die Herrlichkeit dienender Liebe.

Ein weiterer Zweig seiner Arbeit wurde seit dem Jahre 1882 die Fürsorge für allerlei arbeits- und heimatlose Männer. „Wir sind auch fallsüchtig", ant-

---

[†] jetzt sind es über 1600 Schwestern.

wortete ihm einer von diesen Leuten, den er während des Winters 1882 eine Zeitlang beschäftigt hatte, aber dann gehen lassen mußte mit der Begründung, daß er ihn nicht behalten könne, weil er ja nicht epileptisch sei. Dieses Wort ging ihm durchs Herz und zeigte ihm den Weg, diesen „Blutsverwandten" seiner armen fallsüchtigen Pfleglinge in der rechten Weise zu helfen. Arbeit statt Almosen für ehrliche Leute — das wurde nun die Parole seiner Arbeit. Bald war in der Senne, 10 Kilometer von Bielefeld entfernt, ein Bauernhof gekauft, die Epileptischen richteten ihn ein, ihnen folgten die Arbeitslosen. Das war der Anfang von Wilhelmsdorf, der Mutter von jetzt 40 deutschen Arbeiter- Kolonien.

Um Wilhelmsdorf her ist im Laufe von 25 Jahren eine bedeutende Ansiedlung entstanden. Sie trägt jetzt den Gesamtnamen Eckardtsheim. Aus der Arbeiterkolonie heraus erwuchs durch immer weiter gehende Sonderung der sich in ihr zusammenfindenden sehr verschiedenartigen Elemente eine Reihe von Pensionärabteilungen für Nervöse, Schwachbegabte, geistig Minderwertige, vor allem für Opfer des Alkohols. Andere Häuser dienen Lungenkranken, wieder andere sind Pflegestationen für Geisteskranke, besonders auch für geisteskranke Epileptische, die hier in der Senne mit ihren weiten Flächen und ihrer für Leib und Seele wohltuenden Stille eine am ersten ihren Kräften entsprechende Arbeit und eine freundliche Heimat gefunden haben.

Obwohl Eckardtsheim einen Grundbesitz von etwa 2000 Morgen besitzt, war es doch im Laufe der

Jahre für alle die vielen arbeitslosen Leute zu eng geworden. Besonders im Winter, wo immer die größte Zahl sich sammelt, reichte die Arbeit nicht aus. Da sah sich der Vater nach weiteren Flächen wilden Landes um, die durch Kulturarbeit auf lange Zeit hinaus dieses Bedürfnis befriedigen konnten. So wurde in der Provinz Hannover ein Teil des Wietingsmoores gekauft und dort eine Filiale von Wilhelmsdorf errichtet, die Kolonie Freistatt. Ein 6000 Morgen großes Moor wird dort durch die Kolonisten und ihre Gehilfen, etwa 150 Fürsorgezöglinge, kultiviert, und schon ist auch dort aus der wilden Wüste ein kleines Paradies geschaffen und wieder eine eigene Anstaltsgemeinde von etwa 800 Seelen entstanden mit Kirche und Pfarrhaus, in der unter der Pflege der Brüder von Nazareth manch schiffbrüchiges Menschenkind seine „Freistatt" findet, um äußerlich und innerlich einen neuen Anfang zu machen. —

Durch alle diese Liebesarbeit an Kranken und Gesunden zog sich der eine Gedanke: heimatlosen Leuten eine heimatliche Stätte zu bereiten. Dieses Bemühen konnte nicht bei der Anstaltsgemeinde im engeren Sinne stehen bleiben. Es hat anregend und fördernd auch nach außen hin gewirkt. So liefen in Bethel bald mancherlei Fäden zusammen, die weit hinreichten in die heimatliche Provinz und das ganze Vaterland.

Nachdem Wilhelmsdorf gegründet, lag es dem Vater am Herzen, seinen „Brüdern von der Landstraße" nicht nur solche Zufluchtsstätten für besondere Zeiten der Arbeitslosigkeit zu schaffen, sondern sie auch auf ihrer Wanderschaft vor der Schmach des Bettelns und dem Sumpf der Trunksucht zu bewahren. Darum wandte er sein Auge den Herbergen zur Heimat zu und regte überall die Gründung von Wanderarbeitsstätten an, in denen jeder ehrliche Wandersmann sich Nahrung und Nachtlager durch eigene Arbeit verdienen kann. So wurde Bethel Hauptquartier des Deutschen Herbergsvereins, von dessen Geschäftsstelle aus die gesamte Fürsorge für die wandernde Bevölkerung unseres Vaterlandes nach Kräften gefördert wird.

Vor allem beschäftigte den Vater während der letzten zehn Jahre unablässig die Frage einer gesetzlichen Regelung dieser Fürsorgearbeit. Hauptsächlich um des willen glaubte er, nicht nein sagen zu dürfen, als an den fast 75 jährigen die Bitte herantrat, ein Mandat im preußischen Landtag zu übernehmen. Dort in dem Hohen Hause an der Prinz-Albrecht-Straße wurde er bald eine bekannte Erscheinung. Seine Reden voll Humor, Ursprünglichkeit und Wärme, so sehr sie sich auch über alle parlamentarischen Formen hinwegsetzten, gewannen die Herzen, und seinen Bitten, so unbequem sie manchmal waren, konnte nicht leicht jemand widerstehen. So gelangte schließlich nach zweijährigen unverdrossenen Bemühen das Wanderarbeitsstättengesetz zur Annahme, das zwar nicht alle seine Wünsche erfüllte, aber doch einen wesentlichen Schritt vorwärts bedeutete.

Neben diesem Hauptanliegen aber blieb dem Vater während der Wochen und Monate, die er nun in Berlin zubringen mußte, noch Zeit genug für andere

Aufgaben. Bald wurde das Hospiz St. Michael, wo er einzukehren pflegte, ein Wallfahrtsort für allerlei Leute, die in Not, Schulden und betrübten Herzens waren. Vor allem interessierte ihn auch hier die unterste Schicht, die Leute des fünften Standes. Er besuchte die Asyle für Obdachlose; und da wurde ihm der ganze Jammer dieser Tausende von Heimatlosen zur Last, die er nicht tragen konnte, ohne einen Weg der Hilfe zu suchen. Und der Weg wurde gefunden. Vor den Toren von Berlin wurde die Kolonie Hoffnungstal ins Leben gerufen, die schon nach zwei Jahren mit ihren beiden Schwesteranstalten Lobe- und Gnadental etwa 420 Obdachlosen Männern eine Zufluchtsstätte bot und mit ihren Einzelstübchen und ihren ausgedehnten gärtnerischen Kulturarbeiten ein Vorbild wurde für alle anderen Arbeiterkolonien.

Über seinem Bemühen, den Versunkenen nachzugehen, vergaß der Vater nie, daß es viel richtiger ist, einen Körper gesund zu erhalten, als einem bereits erkrankten wieder zur Gesundheit zu verhelfen. Christliches Familienleben zu pflanzen und zu stärken, schien ihm als eines der wichtigsten Mittel, um viele Quellen des Elends und der Not zu verstopfen. Darum gab er im Jahre 1885, als die Wogen sozialer Verbitterung in Bielefeld zum ersten Male sehr hoch gingen und als man aus Haß zwei Anstaltshäuser angezündet hatte, die Parole aus: „Eigenes Heim auf eigener Scholle." Sofort machte er sich an die praktische Ausführung. Durch den Verein Arbeiterheim sind nicht nur rings um Bielefeld her mehrere hundert Arbeiterwohnungen geschaffen, sondern wird auch über ganz Deutschland hin für die Linderung der Wohnungsnot gearbeitet. Während der letzten Jahre hat das Bauamt von Bethel mehr als 1000 kleine Einfamilienhäuser gebaut. —

Doch über all diesen äußeren Fürsorgearbeiten durften die heiligsten Anliegen der Kirche nicht vergessen werden.

Von vornherein war es der Gedanke des Vaters, daß eine Gemeinde, der Gott soviel von seinen größten Schätzen, d. h. von seinen ärmsten und elendesten Kindern anvertraut, eine hohe Verantwortung habe. Sie müsse ein weites Herz haben für den Dienst des Reiches Gottes und die Ausbreitung des Evangeliums. Eine Anstalt der Inneren Mission solle ein Brennpunkt des Glaubens und der Liebe werden, von dem die Strahlen ausgehen in manche Gemeinden und bis in die Heidenwelt hinein.

Schon seit längerer Zeit waren junge Theologen nach Bethel gekommen, um vor ihrem Eintritt in das Pfarramt den Dienst der Liebe praktisch kennen zu lernen. Sie wurden unter Leitung eines besonderen Geistlichen in einem Kandidatenkonvikt vereinigt. Es sind gegenwärtig durchschnittlich 15 bis 20 Kandidaten, welche des Vormittags mitten unter den Nazarethbrüdern auf einer der vielen Stationen von Bethel in der blauen Schürze arbeiten, nachmittags aber unter der Leitung ihres Vorstehers sich dem theologischen Studium widmen. Die Pflege von Blöden und Epileptischen und Geisteskranken ist eine Hochschule der Demut, und viele von den künftigen Dienern der Kirche haben in dieser Schule entscheidende Eindrücke für Leben und Beruf erhalten.

Diese Beobachtung und der Wunsch, für die Zukunft unserer Kirche, die auf dem jungen Geschlecht ruht, mehr tun zu können, bewog 1905 den Vater zur Gründung der Theologischen Schule. Am Rande des Anstaltswaldes, der sich hinter der Zionskirche eine halbe Stunde weit hinzieht, hat sie sich angesiedelt: in der Mitte das Haus mit den Unterrichtsräumen und der Wohnung des Leiters, rechts ein Studentenheim mit Wohnungen für die Schüler, links ein zweites Lehrerhaus. Mehr als 200[‡] Studenten sind schon durch die Schule gegangen und haben sich dort unter Anleitung ihrer Lehrer vor allem in die Heilige Schrift versenkt, daneben aber durch den reichen Anschauungsunterricht, den die Anstalten bieten, sich die Augen öffnen lassen für die großen Aufgaben der Kirche.

Die wichtigste unter allen diesen Aufgaben ist aber die Erfüllung des letzten Befehls, den Jesus seiner Gemeinde gegeben hat. Wie die Mission des Vaters erste Liebe gewesen, so blieb sie ihm eins der wichtigsten Anliegen bis zuletzt. Von Anfang an hat er es auch in Bethel als eine besondere Freude angesehen, für die Mission arbeiten zu dürfen. Mit Heidenboten in verschiedenen Erdteilen wurden feste Verbindungen geknüpft. Eine Gemeinde von Schwarzen in Südafrika hat uns die Türme der Zionskirche geschenkt. Im Jahre 1887 trat der Vater in

---

[‡] 1916 waren mehr als 1200.

besondere Beziehungen zur Qstafrika-Mission, die damals ihren Sitz in Berlin hatte. Bethel übernahm die Ausbildung der Missionsarbeiter und -- arbeiterinnen. Allmählich wurde es die eigentliche Muttergemeinde der Gesellschaft, so daß es nur natürlich war, daß diese schließlich hierher übersiedelte. Seit dem Jahre 1907 ist am Waldrande hinter der Theologischen Schule eine ganze Missionskolonie entstanden. Von hier ziehen nun die Boten aus nach Usambara und Ruanda in Deutsch-Ostafrika. Hier dürfen sie rasten, wenn sie müde heimkehren, und mancher epileptische Junge von Bethel weiß jetzt, was er werden möchte: ein Missionar!

5. Nachdem uns Barmherzigkeit widerfahren ist, werden wir nicht müde.

Die Fülle der verschiedenen Liebeswerke, die in Bethel ihre Heimat gefunden haben, mögen dem Fernerstehenden als willkürliche und allzu gewagte Gründungen erscheinen. Wer aber die Entwicklung aus der Nähe beobachtet hat, der weiß, wie alles von innen heraus gewachsen ist als ein Zweig eines Baumes; der wird dem Vater recht geben, wenn er immer wieder sagte, er habe hier eigentlich gar nichts gemacht, sondern nur Handlangerdienste tun dürfen bei dem, was Gott habe schaffen wollen. Es war durchaus keine Redensart, sondern es entsprach seiner innersten Überzeugung, wenn er meinte, er wäre eigentlich nur immer hinter dem Wagen hergelaufen, um zu bremsen. Die edlen Rosse des Glaubens und der Liebe, vor den Wagen der Not gespannt, schienen ihm immer durchzugehen. Sie im rechten Augenblicke aufzuhalten, damit es nicht zu schnell vorwärts ginge, das sah er als seine Aufgabe an.

Sein Leben aber war Arbeit. Wir Kinder standen immer unter dem Eindruck: wir haben einen sehr fleißigen Vater. Wir waren von früh an gewöhnt, daß er Essen und Trinken vergaß, und wir sind jahrelang darin der Mutter Gehilfen gewesen, daß wir zur Mittagszeit den Vater irgendwo aufspüren mußten, um ihn nicht loszulassen, bis er zum Essen kam. Es war wunderbar, mit wie wenigem er auskam. In Berlin auf seinen oft so ermüdenden Wegen von früh bis spät genügte ihm oft ein Apfel, den er auf der Straße kaufte, am liebsten aber immer noch mit irgendjemandem teilte.

Bei aller Unruhe der äußeren Arbeit blieb ihm die innere Sammlung. Nichts konnte ihn stören oder verwirren. Er hatte sehr gesunde Nerven, und er war bei jeder Sache, auch der kleinsten, ganz. Man hatte immer den Eindruck, er habe sehr viel Zeit. Das empfanden die vielen Traurigen und Bekümmerten, welche zu ihm kamen, als eine sehr große Wohltat; wenn es auch nur wenige Minuten waren, für diese wenigen Minuten schenkte ihnen der Vater sein ungeteiltes Herz. Er beschäftigte sich mit der einzelnen Not, als hätte er nichts weiter in der Welt zu tun. Und wenn er dann von einer bis in die tiefsten Tiefen gehenden Verhandlung in sein Arbeitszimmer zurückkehrte, konnte er mitten in dem Satze, bei welchem er aufgehört hatte, fortfahren zu diktieren, als wäre nichts vorgefallen.

Sein Auge war immer auf das Kleine gerichtet. Er sah sehr scharf. Auf seinen Wegen durch die Anstalten entging ihm nichts — ein weggeworfenes Stück Papier und ein zwecklos im Wege liegender Stein so wenig wie ein trauriges Gesicht. Auf die einzelnen Beobachtungen gründeten sich seine auf das Große gehenden Gedanken. Er war nirgends Theoretiker, er verlor keine Zeit mit kritischen Überlegungen. Er besaß nicht das, was man gewöhnlich Menschenkenntnis nennt. Einen Menschen nach seiner geistigen Beschaffenheit zu zerlegen, war ihm nicht möglich. Aber sein durch die Liebe geschärftes unmittelbares Empfinden sah besser als alle Kritiker und Psychologen. Er fand das Gute im Menschen, auch in dem verkommensten, und an diesen Rest des Guten klammerte sich die Energie seiner Liebe. Mit seinem Vertrauen hob er die Menschen; sie wuchsen in seiner Gegenwart über sich selbst hinaus.

Das erfuhren vor allem seine Mitarbeiter. Bei aller überragenden Wucht des Willens, die für kleinliche Fragen der Zuständigkeit kein Verständnis hatte und sich nicht einmal an die selbstgefaßten Beschlüsse band, war er doch von einer zarten Rücksicht und gab jedem ein großes Maß von Selbständigkeit. Nur so wurde es ihm möglich, nicht selber in der Kleinarbeit unterzugehen, sondern immer Zeit zu behalten für neue Aufgaben. Er konnte andere mit und für sich arbeiten lassen und erwartete, daß sie es ebenso gut, ja noch besser machen würden als er. Sorgen bekämpfte er mit großer Entschlossenheit, so daß sie seinem innersten Wesen immer fremd blieben. Wenn er an die Zukunft seiner Arbeit dachte, dann traute er es Gott zu, daß er schon die rechten Leute schenken würde.

Menschen für den Dienst Gottes zu gewinnen, war seine Kunst und seine Freude. Wie konnte er werben und die Herzen warm machen! Wie konnte er die Süßigkeit demütiger, verborgener Treue preisen! Wie verstand er es, von allen kleinen Dingen mit ihrer Unruhe und ihren persönlichen Interessen den Blick auf das Große und Ewige zu richten! Und durch alle Arbeiten wehte der Geist der Freude! Über seinem eigenen Leben lag eine große stille Fröhlichkeit. Sein Lieblingslied war das, das mit dem Vers schließt: „Mein Herze geht in Sprüngen und kann nicht traurig sein."[§] Diese Freude hatte den tiefsten Grund in der erfahrenen Barmherzigkeit Gottes. Das Wort, das er gern als seinen Wahlspruch gebrauchte: „Nachdem uns Barmherzigkeit widerfahren ist, werden wir nicht müde", beschreibt recht eigentlich Richtung und Kraft seiner Arbeit. Als vor Jahren einmal in schweren Krankheitstagen eines Morgens seine beiden Ärzte an sein Bett traten, um ihm mit vereinten Kräften die Arbeit zu verbieten, da sagte er: „Meine Herren, die Arbeit können Sie mir wohl verbieten, aber die Heiterkeit meines Gemütes, die sie mir bringt, können Sie mir dafür nicht wiedergeben."

Unter seinen Arbeiten stand das Geschäft des Bittens obenan. Darin hat ihn wohl nicht leicht jemand übertroffen. Wenn man ihn deshalb schalt, so entschuldigte er sich damit, daß er selbst ja unvergleichlich viel mehr gebeten würde. „Die Bitten, die ich ausgehen lasse," konnte er wohl sagen, „sind ja nur ein ganz leiser Ton gegenüber dem unermeßlich lauten Schrei, der täglich an meine Ohren dringt." Weil er all diese tausendfache Not nicht geschäftsmäßig behandelte, sondern im tiefsten Grunde als eigene Not empfand, darum fühlte er sich berechtigt und verpflichtet, die Bitten weiter zu geben. Er sah sich nur als Sprachrohr an, durch das das Elend der Welt denen mitgeteilt wurde, die sonst nichts davon wissen würden. Und er war der festen Überzeugung,

---

[§] Aus: „Ist Gott für mich, so trete..."

daß er jedem Menschen, den er um etwas bat, eine Liebe erwiese.

Zum Bitten aber kam das Danken. Da hinein legte er seine ganze Treue. Man kann vielleicht sagen, daß er Bethel mehr durch das Danken als durch das Bitten aufgebaut hat. Wie manche Abendstunde hat er dazu verwendet, Stöße von Dankkarten zu unterschreiben! Er betrachtete jeden Pfennig, den man ihm brachte, als ein großes Kapital, weil er die Liebe darin sah, von der die Anstalt allein leben sollte. Gerade die kleinen Gaben geringer Leute waren ihm eine immer neue Mahnung zur Bescheidenheit und ein immer neuer Grund, sich zu schämen. Wenn ihn eins schmerzte, so war es dieses, daß er so vielen unbekannten Wohltätern nicht genug danken konnte. Er rechnete mit Bestimmtheit darauf, daß er es im Himmel nachholen könnte, und das war ein Grund, weshalb er sich so sehr auf den Himmel freute.

Wenn Tausende draußen etwas von seiner Liebe erfuhren, am reichsten hat er sie doch seinen Hausgenossen geschenkt. Diese Liebe war nichts Weichliches. Sie konnte zürnen und brennen wie Feuer. Zur Barmherzigkeit gehörte für ihn die Zucht, und er verlangte nicht wehleidige Gefühle, sondern Taten. Immer war der Blick auf die Sache gerichtet und nicht auf die eigene Person. Für sich verlangte er nichts, vor allem keinen Ruhm vor den Menschen. Das war es im Grunde, was ihm die Herzen gewann. Das Wort aus dem Wandsbeker Boten, das er uns so manches Mal gesagt, ist bei ihm selber in Erfüllung gegangen: „Wahre, ungekünstelte Herzensdemut ist sehr lieblich, und wenn sie dir je in deinem Leben vorgekommen ist, wirst du ihre Gebärde noch in frischem Andenken haben."

6. Der Feierabend.

Im Jahre 1899 erkrankte der Vater schwer an einem Nierenleiden. Monatelang schwebte er zwischen Tod und Leben, und zeitweise hatten die Ärzte ihn aufgegeben. Er selbst dachte anders. Er hatte die Zuversicht, daß Gott ihm noch eine Weile erlauben würde, seine Arbeit fortzusetzen. Und was niemand zu hoffen wagte, ist geschehen. Er ist damals nicht nur gesund geworden, sondern hat in der Zeit, wo andere sonst anfangen zu ermatten, noch völlig neue Arbeiten aufnehmen dürfen. Wenn seiner Anstaltsgemeinde es zuerst ein Schmerz war, daß er ihr durch sein Mandat im Abgeordnetenhause oft für lange Zeit entzogen wurde, so hat sie auch dieses als eine freundliche Führung erkannt. Denn während der Vater langsam aus der Einzelarbeit in Bethel ausgelöst und damit der Übergang in die Zeit, wo er ganz von uns genommen sein würde, erleichtert wurde, konnte er selbst durch die Gründung von Hoffnungstal neue Bahnen für seine geliebten Brüder von der Landstraße einschlagen.

Unter zunehmenden körperlichen Beschwerden allerlei Art, aber doch bei ungebrochener Energie hatte er bis zum Anfang des Jahres 1909 gearbeitet. Da traf ihn einen Tag nach dem Jahresfest des Diakonissenhauses, bei dem er noch in der Kirche gesprochen hatte, ein leichter Schlaganfall. Er merkte, wie seine Zunge gelähmt war, und dachte, das Ende sei da. Damit war er völlig einverstanden. Jedes Mal, wenn er in diesen seinen letzten Jahren zu sterben meinte, brauchte er nicht lange Zeit zur Vorbereitung. Er war darin wie ein Kind, das die großen Dinge ganz einfach und natürlich nimmt. Für ihn war das Sterben nicht anders als das Hin durchschreiten durch den Vorhang in einen anderen, schöneren Raum. Weil es bei ihm nicht Redensart war, sondern Wirklichkeit, was er so oft gesagt: „Wir müssen alle Tage vor den Toren Jerusalems leben", darum war er jeden Augenblick bereit, dem Ruf seines Herrn zu folgen. Wenn dann eine Todesgefahr eintrat, ließ er sich wohl einen Psalm vorlesen, am liebsten den 27., den er so oft mit uns Kindern gebetet: „Der Herr ist mein Licht und mein Heil, vor wem sollte ich mich fürchten? Der Herr ist meines Lebens Kraft, vor wem sollte mir grauen?" Dann sprach er ein kurzes, starkes Gebet, mit dem er seine Seele in Gottes Hände befahl, und die Vorbereitung war geschehen.

So auch vor einem Jahre. „Es schadet nichts, daß ich nicht mehr sprechen kann", sagte er mit halbgelähmter Zunge. „Ich bin nicht mehr nötig. Ihr wißt alles. Ihr könnt alles allein machen. Es ist alles geordnet, ich kann ruhig sterben." Eine halbe Stunde durften wir ungefähr an seinem Bette stehen. Dann sagte er bestimmt: „So, Jungens, nun geht an eure Arbeit!" Es schien ihm wichtiger, daß wir unsere Schuldigkeit täten, als daß wir ihm in seinem Leiden Gesellschaft leisteten oder uns der Trauer überließen. Was er selber hatte, das erwartete er auch von anderen: eine in jedem Augenblick, auch im Leiden, gesammelte Energie, die sich nicht von Stimmungen gefangen nehmen und aufhalten lässt, sondern den von Gott gestellten Aufgaben sich tapfer und ohne Zögern zuwendet.

Es folgten schwere Tage, in denen er unter der zunehmenden Unmöglichkeit, sich verständlich zu machen, litt. Aber allmählich ließ die Lähmung nach. Mit aller Zähigkeit kämpfte er gegen die Schwäche seines Körpers und zwang sich selber, langsam und deutlich zu sprechen. Welche Freude, als er nach einigen Wochen zum ersten Male das Vaterunser wieder laut und verständlich beten konnte! Auch das Gehen mußte er erst wieder lernen. Seine Füße waren so müde geworden. Er konnte sie nicht ordentlich aufheben, und sein Gang war schlürfend und langsam. Auch das sah er als eine Schwierigkeit an, die nicht beklagt, sondern überwunden werden sollte. Er ließ sich nicht gehen, sondern setzte alle seine Kräfte ein. Wenn er so mit seinen beiden Stöcken im Zimmer auf und ab wanderte dann konnte man wohl hören, wie er sich selber ausschalt: „Vorwärts, alter fauler Kerl, nimm dich zusammen!" Dann machte er mit Anstrengung 5 oder 6 Schritte in seinem gewohnten munteren Tritt. Aber bald reichte seine Kraft nicht mehr, und die alte Müdigkeit war wieder da.

Um die durch den Schlaganfall vermehrten Beschwerden seines alten Leidens zu heben, ging er im Mai nach Wildungen. Zwei seiner Kinder und sein alter treuer Pfleger, der schon vor 10 Jahren ihm gedient, durften ihn begleiten. Wie damals kehrte er in dem gastlichen Hause der Frau Doktor Thilenius ein, bei der er sich ganz zu Hause fühlte. Die Behandlung von dem ihm aus früherer Leidenszeit her nahestehenden Geheimrat Dr. Marc brachte ihm große Erleichterung. Die Schmerzen, unter denen er während der letzten Jahre gelitten, hörten völlig auf. Aber die allgemeine körperliche und geistige Schwäche nahm zu. Als er nach 6 Wochen heimkehrte, machte er den Eindruck eines gebrochenen Mannes. Wie es oft nach solchen Schlaganfällen ist, fehlte die Kraft, sich zu beherrschen. Er konnte sehr weich sein und war bei allem, was sein Herz bewegte, oft nicht imstande, die Tränen zurückzuhalten. Darunter litt er selbst und bat oft rührend um Entschuldigung, ohne es doch ändern zu können.

Weil die Kraft zur Arbeit im Großen fehlte, wandte er sich den kleinen Dingen zu. Die Natur war ihm ein unerschöpflicher Quell der Freude. Auf den kleinen Wegen, die er noch machen konnte, auf den Fahrten im Rollstuhl, an die er sich allmählich gewöhnte, beobachtete sein helles Auge unablässig. Alles war ihm eine Offenbarung von Gottes Güte und Macht; die hohen Bäume hinter seinem Haus, über deren mächtigen Wuchs er sich nicht genug wundern konnte; die Vögelchen mit ihrem leichten Flug; all das leuchtende Leben des Sommers. Stundenlang konnte er einer kleinen Gesellschaft von Enten zusehen, die sich im Teiche tummelte. Er empfand mit den Tieren, er sprach mit ihnen, er schalt und tröstete sie. „Sei getrost, mein armes Pudelchen", konnte er wohl ernsthaft zu einem Hündchen sagen, das seiner Mutter weggenommen und darüber traurig war. Er hatte überall ein Ohr für das ängstliche Harren der

Kreatur, die wartet auf die Offenbarung der Herrlichkeit der Kinder Gottes. —

Weil die Rückkehr nach Bethel bei der großen Schwäche des Vaters bedenklich erschien, wurde ihm im Eichhof ein stiller Platz zu weiterem Ausruhen ausgesucht. Der Eichhof gehört zur Kolonie Eckardtsheim, welche etwa zwei Stunden von Bielefeld entfernt in der Senne liegt. Es ist ein altes Bauernhaus, mitten in einem lieblichen Garten gelegen, von einem Kranz hoher Eichen umgeben. Neuerdings ist das Haus zu einem Genesungsheim für allerlei Erholungsbedürftige ausgebaut. Dort hat der Vater, von unsern Hauseltern Biermann treulich gepflegt, zwei Monate zubringen können. Während es zuerst schien, als sollte die Müdigkeit immer weiter zunehmen, trat nach einiger Zeit eine deutliche Wendung zum Besseren ein. Er lebte uns vor, was er so oft seinen Bethelleuten anempfohlen: „Das beste Mittel, um über die eigene Krankheit wegzukommen, und sie innerlich zu überwinden. besteht darin, daß man sich anderer annimmt, die noch kränker sind." Obwohl leiblich vielleicht der Schwächste im Haus, empfand und trug der Vater doch bald die inneren Nöte und Lasten aller seiner Hausgenossen. Keiner unter ihnen, den er nicht hier und da an den Arm genommen hätte, um ein Stückchen Wegs mit ihm zu wandern, keiner, dem sein innerlich teilnehmendes Herz nicht im tiefsten Herzen wohlgetan hätte. Abends sammelte er alle auf der Veranda vor dem Hause und ließ ihnen vorlesen. Er saß fröhlich mitten dazwischen, schlief auch wohl ein Weilchen darüber ein. Aber er besaß die Kunst, auch über solch einem kleinen Schläfchen den Zusammenhang nicht zu verlieren. Immer hatte man den Eindruck, daß er ganz bei der Sache sei und die Hauptpunkte mit Frische und Klarheit erfasse. Ein Wort, das er dazwischen warf, brachte dann manchmal erst die rechte Beleuchtung. Er hatte immer Salz bei sich und sorgte zugleich durch seine bloße Anwesenheit, daß die Leute Frieden untereinander hatten.

Nachmittags aber war es seine besondere Freude, die verschiedenen Anstaltshäuser zu besuchen. Von allerlei Freunden aus der Senne oder Bethel begleitet, kehrte er mit seinem Rollstuhl hier und da ein. In jedem Hause sammelte sich die ganze Bewohnerschaft um ihn. Konnte er auch nicht mehr viel sprechen, so freute sich doch jeder, eine Hand, einen Gruß von ihm zu bekommen. Auch den Traurigen und Bedrückten brachte er eine Fülle von Sonnenschein. Keiner im Hause wurde vergessen, die Dienstmädchen und Knechte bekamen einen Segen für die Arbeit, die Kinder wurden ihm auf den Schoß gesetzt; den blödesten Kranken streichelte er das Gesicht; den Hauseltern machte er ihren Dienst an den ihnen anvertrauten Menschen groß und lieb. Und wenn er wieder weiterfuhr, dann hatte die ganze Hausgemeinde das Gefühl, ein Stück höher gehoben zu sein.

Seine nächsten Nachbarn waren die Erziehungszöglinge im Fichtenhof. Die lagen ihm ganz besonders am Herzen. Immer wieder suchte er sie auf. Immer aufs Neue besprach er mit dem Hausvater die schweren Aufgaben, welche die Behandlung vor allem der schulentlassenen Zöglinge mit sich bringt. Mit Eifer erwog er die Frage, wie es möglich sei, die Knaben durch Freiheit zur Freiheit zu erziehen und ohne alle körperlichen Strafen auszukommen.— Es ist immer wieder das Märchen verbreitet worden, als ob er ein blinder Verfechter der Prügelstrafe gewesen sei. Wohl ist es richtig, daß er die Zuchtlosigkeit für die größte Unbarmherzigkeit hielt, die man einem Menschen erweisen kann, und unter Umständen ein paar kräftige Schläge für barmherziger ansah, als viele Worte oder Freiheitsstrafen. Aber er war der letzte, der die schweren Gefahren für Erzieher und Zögling verkannt hätte, die in der Anwendung dieses letzten Mittels liegen. Mit heiligem Ernst hat er immer wieder gerade in dieser letzten Zeit die durch Gottes Geist erleuchtete und befestigte Liebe als das Fundament aller Erziehungskunst, auch diesen Verwahrlosten gegenüber, gepriesen. Noch werden viele Kieler und Göttinger Studenten an einen Besuch in Bethel denken, an dessen Schluß sie auch nach Eckardtsheim hinauszogen und den Vater im Eichhof begrüßten. Wie hat er ihnen da im jugendlichen Eifer diese Fragen ans Herz gelegt und sie durch sein Wort und seine Augen begeistert für den Dienst an der versinkenden Jugend unseres Volkes! —

Am 14. August kehrte er nach Bethel zurück, um sogleich am andern Morgen in Magdala, dem Hause für gemütskranke Damen, einen kleinen Morgengottesdienst zu halten. Unter den Elendesten, an den dunkelsten Plätzen der Anstalt war ihm auch jetzt am wohlsten. Man muß einmal einem solchen Gottesdienst, den der müde und, wie er selbst und wir alle fühlten, sterbende Mann unter den Geisteskranken hielt, beigewohnt haben, um die Kräfte zu ernennen, die Gott durch ein zerbrochenes Werkzeug noch entfalten kann. Schon seine Gegenwart wirkte wie ein stiller Zauber auf die unruhigen Gemüter. Wenn er hineintrat und sie grüßte: „Guten Tag, liebe Kinder!" dann wurden auch die dunkelsten Augen hell. Jeder Kranke gab sich Mühe, sich zu beherrschen, da sie wußten: wir machen dem Vater eine Freude damit. Er konnte die Lieder nicht mehr gut selber vorsagen und den Text nicht vorlesen. Das tat dann einer von uns an seiner Stelle. Und wenn er dann nur ein paar Worte dazu sprach und zum Schluß betete, schlicht wie ein Kind und doch stark wie ein Held, dann verstanden ihn seine ärmsten Kinder. Und wenn er durch die einzelnen Zimmer derer wanderte, die nicht am Gottesdienst teilnehmen konnten, weil sie zu stumpf oder zu erregt waren, dann wunderten sich die Brüder und Schwestern immer wieder, wie da unter seiner Hand bei seinem Wort plötzlich so manches anfing aufzuwachen, was an höherem Leben unter der Decke der Krankheit längst vergraben schien. Sie meinten, einen Abglanz zu sehen von der „heilenden Gnade", die allen Menschen erschienen ist in dem, von dem es heißt: „Er heilte sie alle."

In Morija, dem Hause für männliche Geisteskranke, lag seit Jahren ein Kranker, dem der Vater früher viel Liebe erwiesen hatte. Eine Zeitlang war er seinen Augen entschwunden, weil er seltener in das Haus kam, nachdem ein anderer die Seelsorge übernommen. Auch war der Kranke in so völlige Teilnahmslosigkeit versunken, daß man den Vater zu keinem Besuch mehr aufgefordert hatte. Jetzt wurde er plötzlich wieder an ihn erinnert, und sogleich nahm er sich des scheinbar hoffnungslosen, von allen aufgegebenen Kranken an. Es half nichts, daß man ihm vorstellte: „Vater, du kannst ja die hohen Treppen nicht steigen", oder: „Es macht ja doch keinen Eindruck auf unsern armen Freund". — Er blieb bei seinem Vorhaben. Immer und immer wieder, manchmal zwei Tage hintereinander, ließ er sich nach Morija hinauffahren und in das Stübchen des Einsamen führen. Bald brachte er ihm ein Blümchen mit, bald einen kleinen gemalten Spruch, bald ein Bild vom Gekreuzigten. Dann saß er lange am Bette und erklärte solch ein Bild, wie ein Kind zu einem Kinde spricht. Der Kranke verstand alles, was er sagte. Aber infolge der eigentümlichen Hemmungszustände, die ihn quälten, konnte er nicht antworten. Doch des Vaters Augen sahen Dinge, von denen andere nichts merkten; er spürte eine leise Erwiderung seiner Liebe, die andern verborgen blieb. Das kleinste Zeichen machte ihn selber sehr glücklich. Triumphierend konnte er nach einem solchen Besuch nach Hause kommen: „Er hat es versucht, mir die Hand zu geben, er hat sie schon ein ganz klein wenig bewegt." Die kleinen, zuckenden, unsicheren Bewegungen waren ihm ein sicheres Zeichen der Liebe und ein Grund zuversichtlicher Hoffnung. Und wirklich hatte er sich nicht getäuscht. Als der Vater einmal längere Zeit nicht ausgehen konnte, fragte der Kranke seinen Pfleger, warum der „greise Mann" nicht wiederkäme. Man solle ihn doch rufen. Am Geburtstage des Vaters verlangte er plötzlich nach seinen Kleidern, er wollte auch ins Assapheum, um mitzufeiern. Und während der letzten Tage, als man ihm mitgeteilt hatte, der Vater wäre schwerkrank, verlangte er energisch, er solle zu ihm kommen. Vergeblich suchte der Hausvater ihm klar zu machen, daß das jetzt nicht möglich sei. „Er soll aber doch kommen", meinte er. So stark hatte auch auf dieses gebundene Gemüt die unermüdliche Liebe des Vaters gewirkt!

Es war ein besonders freundliches Geschenk Gottes, daß im letzten halben Jahre trotz großer körperlicher Schwachheit seine Arbeitsfähigkeit langsam wieder wuchs. Sein zweiter Sohn war ihm als besonderer Gehilfe beigegeben. Mit seiner Unterstützung war es ihm möglich, noch einmal fast alle Zweige seines früheren Dienstes in Angriff zu nehmen und darüber hinaus seine Gedanken neuen Zielen zuzuwenden. Das Bitten blieb auch jetzt sein Geschäft, Danken seine tägliche Freude. So haben wir sein Bild vor Augen aus der letzten Zeit: In einem breiten Sessel sitzend, den man ihm, nicht ohne sein starkes Widerstreben geschenkt, oder mit 2 Stöcken in der Stube auf und ab wandernd oder vorn übergebeugt am Ofen stehend, ließ er sich die eingegangenen Briefe oder die Abschnitte der Postanweisungen vorlesen und diktierte die Antwort. Wenn man auch an dem Stil manchmal die Ermüdung merkte, so behielt seine Ausdrucksweise doch das eigenartig

„Schmackhafte", wie eine Freundin des Hauses in der letzten Zeit zu sagen pflegte. Trotz der Tausende und aber Tausende von Danksagungen, die er geschrieben, geriet er doch nie in die tote Formel hinein, die sich gleichmäßig wiederholt, sondern fand immer einen neuen Ausdruck, weil er auch die erfahrene Liebe immer als eine neue Überraschung empfand und der Dank aus der Tiefe des Herzens kam.

Obwohl die täglichen Fragen der Anstaltsleitung ihm ferner gerückt waren und man ihn gern mit dem verschonte, was ihn hätte betrüben können, übersah er doch noch bis zuletzt das Ganze mit sicherem Blick und treuem Gedächtnis. In mancher Schwierigkeit brachte sein Wort die schnelle Entscheidung, und wenn er an irgendeinem Punkte der Anstalt ein Unrecht, eine Unordnung zu sehen glaubte, da ruhte er nicht, bis sie beseitigt war. Ob es ein umgefallener Zaun war oder eine Uneinigkeit zwischen Mitarbeitern — überall drang er energisch auf Hebung des Schadens. Und seiner Liebe war der heilige Zorn nicht fremd; er konnte wie der alte Fritz sehr energisch mit dem Stocke drohen, um dann freilich ebenso schnell durch doppelte Freundlichkeit zu versöhnen.

Wichtiger aber als diese kleinen Dinge war ihm die Fortführung der großen Aufgaben, welche Gott unserer Zionsgemeinde gegeben hat. Vor allem lag ihm die Missionssache am Herzen. Wie aufmerksam studierte er die Berichte aus Usambara und Ruanda, wie sorgfältig erwog er jeden neuen Vorschlag! „Vorwärts!" so lautete unablässig seine Losung. Die,

Missionsleitung schien ihm aber zu langsam zu arbeiten. Er sah im Geiste die Millionen verschmachtender Menschenseelen. Er fürchtete, man sei zaghaft im Aussuchen der Hilfskräfte. Er wünschte mehr junge Streiter in die vorderen Reihen zu schicken. Noch bis in die letzten Tage beschäftigte ihn dieser Wunsch unablässig.

Besonders trieb ihn dazu die Not der Kongo--Neger. Er hatte ihnen schon seit längerer Zeit seine Aufmerksamkeit zugewendet und hatte sich während einer Lungenentzündung, die ihn Anfang Dezember überfiel, die wichtigste Literatur über die Kongo-Frage vorlesen lassen. Aber damals hatte er die Bücher wieder beiseite gelegt. Später gestand er: er habe es nicht ertragen können, alle diese Qual zu lesen. Es sei ihm furchtbar gewesen. Er habe es nicht glauben wollen. Aber dann, als er sich frischer fühlte, fiel ihm das wie eine schwere Schuld aufs Herz. Er empfand es als eine falsche Wirklichkeit sich selbst gegenüber. Plötzlich konnte ihn ein solcher Gedanke wie ein gewappneter Feind in der Nacht überfallen, so daß er stundenlang nicht schlafen konnte. Immer wieder stand ihm das eine fest: „Ich bin persönlich dafür verantwortlich und kann diese Verantwortung auf niemand anders abschieben." Immer wieder war es seine Losung: „Ich kann nicht sehen des Knaben Sterben." Darum knüpfte er sofort Verbindungen an mit den über die Frage unterrichteten Männern. Er hielt noch in der letzten Woche vor seinem Sterben eine Reihe von Besprechungen ab und suchte noch selber die Diakonen aus, die an die Grenze des Kongostaates ziehen sollten, um das Kreuz hineinzupflanzen mitten in die Finsternis der mißhandelten Völker. —

Wie nach Afrika, so ging sein Blick nach Amerika hinüber. Es waren ihm besondere Freudenstunden gewesen, als im Januar aus Hannover, im März aus Merseburg die Nachrichten einliefen, daß das Wanderarbeitsstättengesetz in den Provinzen Hannover und Sachsen angenommen worden sei. Er nahm die Nachrichten als gewisses Angeld dafür, daß dies Gesetz, an das er in unermüdlicher Glut für seine „Brüder von der Landstraße" so unermeßliche Mühe und Arbeit gewandt hatte, nun vollends einen Siegeszug durch Deutschland halten würde. Aber nun wünschte er, daß die gleiche Wohltat auch andern Ländern zuteil würde, und sein Auge war vor allem auf Amerika gerichtet. Durch einen jungen amerikanischen Geistlichen, der uns vor zwei Jahren besuchte, war eine Verbindung mit dem bekannten Finanzmann Carnegie hergestellt. Zuerst hatte man daran gedacht, diesen Wohltäter dafür zu gewinnen, daß er etwa für Hoffnungstal eine größere Summe Geldes schenkte, aber der Vater hatte ganz entschlossen abgelehnt. Er schrieb an Carnegie, Geld wolle er nicht von ihm haben. Aber stattdessen wünschte er seine Augen auf die Not der Wanderarmen im eigenen Lande zu lenken. Er studierte eifrig die amerikanischen Berichte über die dortigen „Brüder von der Landstraße", um Herrn C. die Wege weisen zu können, auf welchen auch drüben Kolonien entstünden mit dem Wahlspruch: „Arbeit statt Almosen" und mit dem Hoffnungstaler Einzelstübchen für die heimatlosen Leute.

Diese Einzelstübchen und ihre Verbreitung lag ihm auch für Deutschland fortwährend am Herzen. Vor allem wünschte er, ihre Wohltat auch den Soldaten zuteil werden zu lassen. Er suchte den Kriegsminister dafür zu interessieren. Er lud denselben zur Besichtigung der Hoffnungstaler Heimstätten ein und wußte ihm mit glühenden Farben die Kräfte der Bewahrung, der Reinheit und inneren Freiheit zu schildern, die unsere Armee neu beleben würden, wenn die Soldaten statt in Massenzimmern in solchen Einzelquartieren untergebracht werden könnten. Er hoffte, dass der Schmutz, der soviel junge Männer während ihrer Soldatenzeit innerlich verdirbt, auf diese Weise zu einem guten Teil unschädlich gemacht, und manchem, der jetzt unter dem Spott der Kameraden sich nicht recht aufrecht halten kann, der Kinderglaube bewahrt bleiben würde. Reine, fromme Männer für das Vaterland: das war eines der Ziele, an das er seine letzte Kraft gesetzt.

Denn er blieb ein Patriot, und in seinen Adern rollte ein gut Teil Soldatenblut. Er wäre wahrscheinlich kein schlechter Feldherr geworden. Während der letzten Wochen ließ er sich abends immer noch eine Stunde aus Treitschkes Deutscher Geschichte vorlesen. Die Zeit der Freiheitskriege zog noch einmal vor ihm vorüber, und mit Lebhaftigkeit und nie ermattender Spannung verfolgte er alle Phasen des Kampfes. Einmal in den letzten Wochen kam ich mitten in der Nacht zu ihm. Er war halb im Traum und wollte durchaus aus dem Bett springen. „Wo willst du hin?" fragte ich. „Ich muß Blücher helfen." Es dauerte eine Weile, bis er sich überzeugt hatte, daß die Schlacht bei Belle-Alliance schon längst vorüber sei und der Marschall Vorwärts seine Hilfe nicht mehr nötig hätte. Als er starb, fanden wir noch neben seinem Bett ein weißes Blatt Papier liegen, auf dem groß mit blauem Stift der Name „Gneisenau" geschrieben war. Denn er hatte sich in einer anderen Nacht wieder auf das lebhafteste mit jenen Schreckenstagen nach der Schlacht bei Ligny beschäftigt und durchaus nicht den Namen des Generalstabschefs von Blücher finden können. Vergeblich hatte er den Diakon geweckt, der neben ihm schlief. Vergeblich hatte er sich stundenlang besonnen, und am andern Morgen, als wir ihm dann den Namen nannten, erklärte er, man müsse ihm denselben deutlich ausschreiben, damit er ihn auch in der Nacht, wenn der Kampf wieder beginnen sollte, gleich finden könnte. —

Dann kam der letzte Geburtstag. Wieder wie vor 79 Jahren fiel der 6. März auf einen Sonntag, und es war ein Tag voll hellen Sonnenscheins für den geliebten Vater. Während ihm sonst das Angefeiert werden manchmal lästig war, weil es ihn gar zu sehr in seiner Arbeit störte — jetzt hatte er Zeit: Zeit für seine Enkelchen, deren kleine Aufführungen ihn erfreuten; Zeit für die Kleinen aus dem Kinderheim, die ihm Strümpfe für seine Hoffnungstaler und Geld für seine Schwarzen brachten und Blumen für ihn selber. An allem freute er sich wie ein Kind. Auch ein sehr herzlicher Gruß des geliebten Kaiserpaares erquickte sein Herz und ebenso sehr ein Brief des Kriegsministers als Antwort auf seine Vorschläge. Am Abend erschien er noch einmal in der großen Versammlung aller seiner Bethelkinder im Assapheum, saß stille und hörte ihrem Singen zu und betete selbst am Schluß mit ihnen laut das Vaterunser. Dann segnete er seine Gemeinde der Elenden und wußte nicht, daß es das letzte Mal sein sollte; denn das Ende stand vor der Tür.

7. Heimgang.

Am Palmsonntag nahm der Vater noch einmal an der Feier des heiligen Abendmahls teil. Das brachte ihm eine tiefe innere Erquickung. Aber auch äußerlich war es ihm eine Freudenstunde. Denn zum ersten Male konnten alle seine Kinder beieinander sein und mit ihm zum Tische des Herrn kommen. Der eine seiner Söhne hielt die Vorbereitung, der andere den Gottesdienst in der Sareptakapelle, der dritte führte ihn mit seiner Tochter und Schwester zusammen zum Tisch des Herrn. So schloß sich noch einmal um den heimwärtseilenden Vater der ganze Familienkreis unter dem Kreuz Christi zusammen, und das war ihm selbst ein Grund zu immer wiederholtem Dank.

Am Nachmittag fand die Nachfeier der Konfirmation im Saale des Assapheums statt. Diese Nachfeier war ihm immer eine besonders wichtige Sache gewesen. Auch diesmal wollte er es sich nicht nehmen lassen, die Kinder mit ihren Eltern zu grüßen. So erschien er unerwartet in der Mitte der Versammlung. Zwar konnte er nicht mehr öffentlich zu ihnen reden. Aber er ließ alle 72 Kinder nacheinander zu sich kommen, sich den Namen nennen und von Vater und Mutter, der Krankheit, dem künftigen Beruf erzählen. Und dann bekam jedes einzelne Kind einen besonderen Segensgruß mit. Jedes befahl er mit einem kurzen Gebet dem großen Hirten der Schafe zur Rechten des Vaters. Man konnte sich nicht genug wundern über die Spannkraft des Geistes, die schnell alle die besonderen Verhältnisse der Kinder zu erfassen und zu benutzen verstand und für jedes Kind gerade das von Gott erbat, was es besonders nötig hatte.

Während der stillen Woche setzte er seine Arbeit und seine Liebeswege durch die Anstalten fort. Wiederholt leitete er noch wichtige Besprechungen, so am Mittwoch mit einigen Freunden, die er aus der Ferne zu sich eingeladen hatte, und denen er zugleich mit einer Anzahl seiner hiesigen Mitarbeiter die Notwendigkeit einer evangelischen unabhängigen Zeitung für die deutsche Arbeiterwelt ans Herz legte; und zuletzt am Sonnabend mit der Leitung des Brüderhauses in Sachen Afrikas und des unglücklichen Kongos. Dann wurde den Seinen eine kleine Ermüdung bemerkbar. Wir standen unter dem Eindruck, daß irgendeine Wendung in seinem Befinden eintreten würde. Wir erwarteten das Wiederkehren einer jener inneren Blutungen, die von Zeit zu Zeit sich einzustellen pflegten. Trotzdem versteckte er noch am 1. Ostertag in seinem Garten seinen Enkelkindern die Ostereier und machte am 2. Ostertag seinen gewohnten Gang nach Magdala, um den Kranken eine Morgenandacht zu halten. In die Kirche kam er nicht, weil er sich so müde fühlte und einzuschlafen fürchtete. Am Dienstag machte er seine letzten Besuche in Mahanaim und Patmos. Noch einmal grüßte er seine Lieblinge und ließ sich von einer kleinen schwachsinnigen und epileptischen Schweizerin ein Lied in ihrer heimatlichen Sprache vorsingen. Noch einmal leuchtete seine väterliche Güte über diesen in der Dunkelheit lebenden Kindern wie heller Sonnenschein.

Am Mittwochmorgen wanderte er mit mir zu Fuß durch den Wald zum Friedhof hinauf. Wie manchmal war er diesen Weg gegangen! Wie manchmal hatte er sich dort oben unter den vielen Schläfern Stille geholt für die Unruhe seiner Arbeit und gute Gedanken für seine Predigt! Der Kirchhof war seine liebste Studierstube. Er gab ihm mit seinen tausend Erinnerungen immer das reichste Anschauungsmaterial. Da oben konnte er am besten einen Mitarbeiter einführen in die Ewigkeitsziele unserer Arbeit, oder einem Gaste erzählen von den Wunderwegen seines Gottes, der kleine Leute zu großen Dingen gebraucht und die Heimatlosen zu seinem Frieden und seinem Reich beruft. Still wanderte er an dem Grabe der Mutter vorüber und an dem Plätzchen, an dem er selber gerade acht Tage später gebetet werden sollte. Dann führte er mich zum Grabe seines alten Freundes Pastor Kuhlo, der vor einem Jahre vorangegangen war. Dort standen wir eine Weile still, um dann durch den eben erwachenden Frühlingswald weiter zu wandern. Er wollte seine kranke Schwiegertochter besuchen, konnte sie aber nicht sprechen, weil sie eben schlief. Im Rollstuhl holte ihn sein getreuer Gehilfe in seiner Kanzlei wieder ab, ohne zu ahnen, daß es die letzte Fahrt sein sollte, die er mit seinem geliebten Chef machen durfte.

Am Nachmittag konnte er der rauen Witterung wegen nicht hinausgehen. Darum arbeitete er zu Hause und hatte dazwischen immer wieder seine Freude an seinem jüngsten Enkeltöchterchen. Unermüdlich war die Zweijährige hinter dem Großvater her, trug ihm seine beiden Stöcke nach oder hockte auf seinem Fußschemel. Sooft sie auch aus seiner Studierstube herausgeholt wurde, sooft erschien sie wieder. Dann drehte er sich von seinem Schreibtisch mit schelmisch vergnügtem Gesicht nach der Tür um und sagte: „Ist sie wieder da, die kleine Person?" Der letzte Brief, den er am Nachmittag diktierte, war für ausziehende Missionsgeschwister bestimmt. Dann unterschrieb er wie gewöhnlich die fertigen Briefe und hatte noch gegen Abend eine längere Besprechung mit einem der Anstaltspastoren. Wie gewöhnlich wurde. gegen 9 Uhr die Abendandacht im Kreise der kleinen Familie gehalten. Diesmal wurde aus dem Andachtsbuch von Wurster ein Abschnitt vorgelesen über den Text: „Ich liege und schlafe ganz mit Frieden. Denn allein du, Herr, hilfst mir, daß ich sicher wohne." Es war darin die Rede, wie man in der Hut Gottes sicher und frei von Sorgen leben könne. Und über das Wort „Sorget nichts!" handelte auch das kurze freie Gebet, das der Vater am Schluß noch sprach.

Wenige Minuten später, als er eben zur Ruhe gegangen war, traf ihn ein schwerer Schlaganfall. Als wir an sein Bett gerufen wurden, ging der Atem mühsam, und das Bewußtsein war geschwunden. Sofort war uns klar, daß der Zustand sehr ernst sei. Die linke Seite war gelähmt, die Hand ganz unbeweglich. Die rechte hatte noch die alte Kraft. Es folgte eine bange, unruhige Nacht. Die Augen des Kranken waren fest geschlossen. Es schien aber, als ob er die Dunkelheit empfände und gern vertreiben möchte. Wohl hundertmal fuhr die Hand nach dem Knopfe des elektrischen Lichtes. Immer wieder drehte er, wohl halb unbewußt, die Lampe an und aus; aber es wollte nicht heller werden. Ob er es verstand, was wir ihm zuriefen: „Mache dich auf, werde licht, denn dein Licht kommt, und die Herrlichkeit des Herrn gehet auf über dir!"?

Gegen Morgen kehrte wenigstens zeitweise das Bewußtsein zurück. Der Kampf ließ etwas nach. Sagen konnte er nichts. Aber wenn man ihn bat: „Vater, wenn du mich verstehst, dann drücke mir die Hand!", dann merkte man es deutlich an dem festen Druck, daß er es gehört hatte. Nun konnten wir zusammen beten und seine Seele in des Heilandes Hand befehlen. Und dann erquickte unsere Herzen eines nach dem andern von den großen Trostworten der Schrift, die in Kampf und Dunkelheit ihre Kraft am meisten bewähren und die sichersten Wegweiser sind, auch im finstern Tal. „Ob ich schon wanderte im finstern Tal, fürchte ich kein Unglück, denn du bist bei mir." Das letzte Wort, das er mir deutlich durch einen starken Händedruck bestätigte, war Jesaja 43, 1: „Fürchte dich nicht, denn ich habe dich erlöset, ich habe dich bei deinem Namen gerufen, du bist mein." Dann suchte seine Hand nach meinem Kopf, und er legte sie fest darauf, als ob er mich segnen wollte, und zeigte dann mit dem Finger nach oben, als ob er sagen wollte: „Dahin geht mein Weg. Dahin soll auch euer Weg gehen."

Allmählich sammelten sich die Geschwister um das Bett. Pastor Kuhlo kam und blies aus dem Garten leise hinaus: „Jerusalem, du hoch gebaute Stadt". Einer nach dem andern von den treuen Mitarbeitern trat herein, die Schwestern des Diakonissenhauses, die Hausväter und Brüder. Es war stundenlang ein leises Kommen und Gehen. Ihn störte es nicht, aber für uns war es trotz der Tränen, die reichlich flossen, trotz der Abschiedsschmerzen, die jeder empfand, wie eine hohe Feierstunde. Einer nach dem andern drückte dem scheidenden Vater noch einmal die Hand, und alle wurden durch die Gottesworte erquickt, die man ihm als Scheidegruß mitgeben durfte. Endlich knieten sie alle um sein Bett her, und Pastor Siebold, sein ältester Kollege, bat um baldige Erlösung.

„Es wird nicht lang' mehr währen,
Halt' noch ein wenig aus,
Es wird nicht lang' mehr währen,
Dann kommen wir nach Haus;
Da wird man ewig ruhn,
Wenn wir mit allen Frommen
Daheim zum Vater kommen.
Wie wohl, wie wohl wird's tun!"

Die folgende Nacht war noch schwerer als die erste, weil anscheinend Herzbeschwerden sich einstellten und dem Kranken die Spuren großer Ängste ausdrückten, ohne daß er es selbst noch zu empfinden schien. Am Morgen, als er beim Umbetten in eine andere Lage gebracht war, wurde er ganz still. Leise schlummernd lag er da, nach all der Unruhe ein sehr friedevolles Bild. Der treue Arzt und wir mit ihm begannen wieder Hoffnung zu schöpfen, daß er auch diesen Stoß noch einmal überstehen werde wie so manchen früheren. Da, am Sonnabendvormittag gegen 11 Uhr trat eine Veränderung ein. Die am Bett sitzende Tochter fühlte, wie der Druck der Hand nachließ und der Atem noch leiser ging als vorher. Plötzlich schlug er die Augen weit auf, ohne daß wir sicher waren, daß er uns erkannte. Schnell waren alle Geschwister um das Bett versammelt. Jeder durfte ihm noch ein Gotteswort zurufen. Nun wurde es zur Gewißheit: „Heute wirst du mit mir im Paradiese sein." Langsam, ganz allmählich schlossen sich die lieben Augen wieder, und der Atem fing an zu stocken.

„Wenn meine Augen brechen,
Der Atem hemmt den Lauf
Und kann kein Wort mehr sprechen,
Dann nimm mein Seufzen aus!"

beteten wir. Die zwei ältesten Enkelkinder knieten mit um das Bett. Es war nichts Schreckhaftes für sie, keine Spur von Todeskampf war zu bemerken. So lauschten wir den letzten Atemzügen. Es war, als ob ein mildes Kind einschlafen wollte in seines Gottes Armen. Unser ältester Bruder segnete den geliebten Vater zum Sterben ein und betete dann still den Vers:

Gloria sei dir gesungen
Mit Menschen- und mit Engelzungen,

Mit Harfen und mit Zimbeln schön.
Von zwölf Perlen sind die Tore
An deiner Stadt, wir stehn im Chore
Der Engel hoch um deinen Thron.
Kein Aug' hat je gespürt,
Kein Ohr hat je gehört
Solche Freude;
Drum jauchzen wir
Und singen dir
Das Halleluja für und für.

Dann war es still im Sterbezimmer. Das Herz hatte aufgehört zu schlagen, und die befreite Seele war hinübergegangen in die Gemeinde der Vollendeten vor Gottes Thron. Es war der 2. April 1910 mittags 1 Uhr.

Über dem stillen Angesicht lag etwas von jugendlicher Schönheit. Ein unbeschreiblich friedevoller Ausdruck ließ alle Spuren des Todes vergessen. Durch die offenen Fenster aber warf die Frühlingssonne ihre Strahlen, und nach einer Weile fingen die Glocken der Zionskirche an zu läuten. Bald fielen von allen Türmen der Stadt die Glocken ein. Ein Trauergeläute und doch zugleich Siegesgeläute! Uns aber war zumute, als müßte bei diesem Sterben alle Trauer in Freude untergehen und alles Leid in Danken endigen. Und unsere Seele war gestimmt auf den Psalm der Ewigkeit, der ohne Ende den Himmel füllt.

Editorische Notiz:

Der Text der vorliegenden Edition folgt der Ausgabe: Friedrich von Bodelschwingh: Friedrich von Bodelschwingh 1831-1910. Ein Blick in sein Leben, Bethel 1931.

Der Text wurde aus Fraktur übertragen. Die Orthographie wurde behutsam modernisiert, grammatikalische Eigenheiten bleiben gewahrt. Die Interpunktion folgt der Druckvorlage.

Pastor von Bodelschwingh zwischen den Schwestern

Einige von den Kränksten in Bethel

Ebenfalls im SEVERUS Verlag erhältlich:

Minna Popken
Im Kampf um die Welt des Lichts
SEVERUS 2010 / 202 S./ 19,50 Euro
ISBN 978-3-942382-39-7

" Im Kampf um die Welt des Lichts" ist die Autobiographie einer Frau auf der Suche nach Wahrheit, die sie schließlich zur gläubigen Christin werden ließ.
Es ist die Geschichte Minna Popkens, einer deutschen Ärztin die bereits als Kind großes Vertrauen in Gott besaß. Nach einer gescheiterten Ehe mit dem Weinhändler Heinrich Popken entschied sie sich, allen Widerständen ihrer Zeit zum Trotz, für ein Medizinstudium in Zürich. Die Beschäftigung mit der Mystik und der Theosophie halfen ihr immer wieder die Tiefpunkte des Lebens zu überwinden.
Nach ihrem Studium befaßte sie sich in der Abgeschiedenheit Oberägeries mit dem Wort Gottes und betrieb, da sie sich von Gott berufen fühlte, einen Kurbetrieb zur Heilung des Körpers und Geistes am Ägeriesee in der Schweiz. Stets vertraute sie auf Gott als ihren Führer und gründete letztendlich das Kurhaus „Ländli" wo sie ihre seelsorgerische und ärztliche Tätigkeit im größeren Ausmaß durchführen konnte. Entgegen allen Widerständen und Schicksalsschlägen ihrer Zeit bestimmte sie Gott zu ihrem Führer und Wegbegleiter auf der Suche nach der „Welt des Lichts".

Die beeindruckende Lebensgeschichte dieser Frau wurde erstmals 1938 veröffentlicht.

www.severus-verlag.de

Bisher im SEVERUS Verlag erschienen:

Achelis. Th. Die Entwicklung der Ehe * **Andreas-Salomé, Lou** Rainer Maria Rilke * **Arenz, Karl** Die Entdeckungsreisen in Nord- und Mittelafrika von Richardson, Overweg, Barth und Vogel * **Aretz, Gertrude (Hrsg)** Napoleon I - Briefe an Frauen * **Ashburn, P.M** The ranks of death. A Medical History of the Conquest of America * **Avenarius, Richard** Kritik der reinen Erfahrung * Kritik der reinen Erfahrung, Zweiter Teil * **Bernstorff, Graf Johann Heinrich** Erinnerungen und Briefe * **Binder, Julius** Grundlegung zur Rechtsphilosophie. Mit einem Extratext zur Rechtsphilosophie Hegels * **Bliedner, Arno** Schiller. Eine pädagogische Studie * **Blümner, Hugo** Fahrendes Volk im Altertum * **Brahm, Otto** Das deutsche Ritterdrama des achtzehnten Jahrhunderts: Studien über Joseph August von Törring, seine Vorgänger und Nachfolger * **Braun, Lily** Lebenssucher * **Braun, Ferdinand** Drahtlose Telegraphie durch Wasser und Luft * **Brunnemann, Karl** Maximilian Robespierre - Ein Lebensbild nach zum Teil noch unbenutzten Quellen * **Büdinger, Max** Don Carlos Haft und Tod insbesondere nach den Auffassungen seiner Familie * **Burkamp, Wilhelm** Wirklichkeit und Sinn. Die objektive Gewordenheit des Sinns in der sinnfreien Wirklichkeit * **Caemmerer, Rudolf Karl Fritz** Die Entwicklung der strategischen Wissenschaft im 19. Jahrhundert * **Cronau, Rudolf** Drei Jahrhunderte deutschen Lebens in Amerika. Eine Geschichte der Deutschen in den Vereinigten Staaten * **Cushing, Harvey** The life of Sir William Osler, Volume 1 * The life of Sir William Osler, Volume 2 * **Dahlke, Paul** Buddhismus als Religion und Moral, Reihe ReligioSus Band IV * **Eckstein, Friedrich** Alte, unnennbare Tage. Erinnerungen aus siebzig Lehr- und Wanderjahren * **Erinnerungen an Anton Bruckner** * **Eiselsberg, Anton Freiherr von** Lebensweg eines Chirurgen * **Eloesser, Arthur** Thomas Mann - sein Leben und Werk * **Elsenhans, Theodor** Fries und Kant. Ein Beitrag zur Geschichte und zur systematischen Grundlegung der Erkenntnistheorie. * **Engel, Eduard** Shakespeare * Lord Byron. Eine Autobiographie nach Tagebüchern und Briefen. * **Ferenczi, Sandor** Hysterie und Pathoneurosen * **Fichte, Immanuel Hermann** Die Idee der Persönlichkeit und der individuellen Fortdauer * **Fourier, Jean Baptiste Joseph Baron** Die Auflösung der bestimmten Gleichungen * **Frimmel, Theodor von** Beethoven Studien I. Beethovens äußere Erscheinung * Beethoven Studien II. Bausteine zu einer Lebensgeschichte des Meisters * **Fülleborn, Friedrich** Über eine medizinische Studienreise nach Panama, Westindien und den Vereinigten Staaten * **Goette, Alexander** Holbeins Totentanz und seine Vorbilder * **Goldstein, Eugen** Canalstrahlen * **Graebner, Fritz** Das Weltbild der Primitiven: Eine Untersuchung der Urformen weltanschaulichen Denkens bei Naturvölkern * **Griesser, Luitpold** Nietzsche und Wagner - neue Beiträge zur Geschichte und Psychologie ihrer Freundschaft * **Hartmann, Franz** Die Medizin des Theophrastus Paracelsus von Hohenheim * **Heller, August** Geschichte der Physik von Aristoteles bis auf die neueste Zeit. Bd. 1: Von Aristoteles bis Galilei * **Helmholtz, Hermann von** Reden und Vorträge, Bd. 1 * Reden und Vorträge, Bd. 2 * **Henker, Otto** Einführung in die Brillenlehre * **Kalkoff, Paul** Ulrich von Hutten und die Reformation. Eine kritische Geschichte seiner wichtigsten Lebenszeit und der Entscheidungsjahre der Reformation (1517 - 1523), Reihe ReligioSus Band I * **Kautsky, Karl** Terrorismus und Kommunismus: Ein Beitrag zur Naturgeschichte der Revolution * **Kerschensteiner, Georg** Theorie der Bildung * **Klein, Wilhelm** Geschichte der Griechischen Kunst - Erster Band: Die Griechische Kunst bis Myron * **Krömeke, Franz** Friedrich Wilhelm Sertürner - Entdecker des Morphiums * **Külz, Ludwig** Tropenarzt im afrikanischen Busch * **Leimbach, Karl Alexander** Untersuchungen über die verschiedenen Moralsysteme * **Liliencron, Rochus von / Müllenhoff, Karl** Zur Runenlehre. Zwei Abhandlungen * **Mach, Ernst** Die Principien der Wärmelehre * **Mausbach, Joseph** Die Ethik des heiligen Augustinus. Erster Band: Die sittliche Ordnung und ihre Grundlagen * **Mauthner, Fritz** Die drei Bilder der Welt - ein sprachkritischer Versuch * **Müller, Conrad** Alexander von Humboldt und das Preußische Königshaus. Briefe aus den Jahren 1835-1857 * **Oettingen, Arthur von** Die Schule der Physik * **Ostwald, Wilhelm** Erfinder und Entdecker * **Peters, Carl** Die deutsche Emin-Pascha-Expedition * **Poetter, Friedrich**

www.severus-verlag.de

Christoph Logik * **Popken, Minna** Im Kampf um die Welt des Lichts. Lebenserinnerungen und Bekenntnisse einer Ärztin * **Prutz, Hans** Neue Studien zur Geschichte der Jungfrau von Orléans * **Rank, Otto** Psychoanalytische Beiträge zur Mythenforschung. Gesammelte Studien aus den Jahren 1912 bis 1914. * **Rohr, Moritz von** Joseph Fraunhofers Leben, Leistungen und Wirksamkeit * **Rubinstein, Susanna** Ein individualistischer Pessimist: Beitrag zur Würdigung Philipp Mainländers * Eine Trias von Willensmetaphysikern: Populär-philosophische Essays * **Sachs, Eva** Die fünf platonischen Körper: Zur Geschichte der Mathematik und der Elementenlehre Platons und der Pythagoreer * **Scheidemann, Philipp** Memoiren eines Sozialdemokraten, Erster Band * Memoiren eines Sozialdemokraten, Zweiter Band * **Schlösser, Rudolf** Rameaus Neffe - Studien und Untersuchungen zur Einführung in Goethes Übersetzung des Diderotschen Dialogs * **Schweitzer, Christoph** Reise nach Java und Ceylon (1675-1682). Reisebeschreibungen von deutschen Beamten und Kriegsleuten im Dienst der niederländischen West- und Ostindischen Kompagnien 1602 - 1797. * **Stein, Heinrich von** Giordano Bruno. Gedanken über seine Lehre und sein Leben * **Strache, Hans** Der Eklektizismus des Antiochus von Askalon * **Thiersch, Hermann** Ludwig I von Bayern und die Georgia Augusta * **Tyndall, John** Die Wärme betrachtet als eine Art der Bewegung, Bd. 1 * Die Wärme betrachtet als eine Art der Bewegung, Bd. 2 * **Virchow, Rudolf** Vier Reden über Leben und Kranksein * **Wecklein, Nikolaus** Textkritische Studien zu den griechischen Tragikern * **Weinhold, Karl** Die heidnische Totenbestattung in Deutschland * **Wellmann, Max** Die pneumatische Schule bis auf Archigenes - in ihrer Entwickelung dargestellt * **Wernher, Adolf** Die Bestattung der Toten in Bezug auf Hygiene, geschichtliche Entwicklung und gesetzliche Bestimmungen * **Weygandt, Wilhelm** Abnorme Charaktere in der dramatischen Literatur. Shakespeare - Goethe - Ibsen - Gerhart Hauptmann * **Wlassak, Moriz** Zum römischen Provinzialprozeß * **Wulffen, Erich** Kriminalpädagogik: Ein Erziehungsbuch * **Wundt, Wilhelm** Reden und Aufsätze * **Zoozmann, Richard** Hans Sachs und die Reformation - In Gedichten und Prosastücken, Reihe ReligioSus Band III

www.severus-verlag.de

www.ingramcontent.com/pod-product-compliance
Lightning Source LLC
Chambersburg PA
CBHW032106300426
44116CB00007B/899